湛庐 CHEERS

与最聪明的人共同进化

HERE COMES EVERYBODY

The Corporate Culture Survival Guide
third edition

沙因
文化变革
领导力

[瑞士]
埃德加·沙因
Edgar H. Schein
彼得·沙因
Peter A. Schein 著　徐烨华 译

天津出版传媒集团
天津科学技术出版社

上架指导：企业文化 / 管理

The Corporate Culture Survival Guide, third edition
Copyright © 2019 by Edgar H. Schein. All rights reserved.
Published by John Wiley & Sons, Inc., Hoboken, New Jersey
All Rights Reserved. This translation published under license with the original publisher John Wiley & Sons, Inc.

本书由 John Wiley & Sons, Inc. 授权在中华人民共和国境内独家出版发行。未经出版者书面许可，不得以任何方式抄袭、复制或节录本书中的任何部分。

天津市版权登记号：图字 02-2020-218 号

图书在版编目（CIP）数据

沙因文化变革领导力 /（瑞士）埃德加·沙因(Edgar H.Schein)，（瑞士）彼得·沙因(Peter A.Schein) 著；徐烨华译. -- 天津：天津科学技术出版社，2021.5

书名原文：The Corporate Culture Survival Guide
ISBN 978-7-5576-9175-2

Ⅰ. ①沙… Ⅱ. ①埃… ②彼… ③徐… Ⅲ. ①企业文化-研究 Ⅳ. ① F272-05

中国版本图书馆 CIP 数据核字 (2021) 第 075961 号

沙因文化变革领导力
SHAYIN WENHUA BIANGE LINGDAOLI
责任编辑：房　芳
责任印制：兰　毅

出　　版：	天津出版传媒集团
	天津科学技术出版社
地　　址：	天津市西康路 35 号
邮　　编：	300051
电　　话：	（022）23332397（编辑部）
网　　址：	www.tjkjcbs.com.cn
发　　行：	新华书店经销
印　　刷：	唐山富达印务有限公司

开本 710×965　1/16　印张 16.75　字数 214 000
2021 年 5 月第 1 版第 1 次印刷
定价：89.90 元

版权所有，侵权必究
本书法律顾问　北京市盈科律师事务所　崔爽律师
　　　　　　　　　　　　　　　　　　张雅琴律师

《沙因文化变革领导力》献给埃德加的妻子、彼得的母亲——玛丽·沙因（Mary Schein），她与埃德加相濡以沫52年，于2008年与世长辞。在撰写本书的过程中，她的创造精神和清晰准确的写作天赋一直与我们同在。玛丽的所有子孙在艺术和学术领域都深受她的影响。

前 言

重新认识文化变革领导力

　　文化本质上是一个模糊的概念，人们对文化的理解也各不相同，因此很难轻易对其做出清晰的定义或精准的评估。文化强调了人类的多样性和每代人之间的变化，并随着时代精神的变迁而演变成一种独特的概念，从而使我们在探讨文化时会重点思考当代哪种问题属于文化范畴、哪种问题又不属于此范畴。文化还促使我们思考开放的社会-技术系统（Socio-technical Systems）[1]、各团体相互联系和相互依存的组织现实状况，以及不断变化的项目，并促使我们深

---

[1] 该系统由英国塔维斯特克人际关系研究所的埃里克·特里斯特（Eric Trist）提出，特里斯特认为，组织是由正式组织、非正式组织、技术系统、成员的素质等多种因素形成的复合系统。——编者注

入理解"领导力"这一与文化息息相关的概念。通过对文化的研究，我们将关注点从个体在组织中发挥的作用进一步提升到组织中各种关系和团体的动态上。

人们花了许多精力试图简化和塑造文化，尤其是具有闭环思维的研究者，他们设想：如果能对文化进行评估、设定基准，使其规范化，并做出改善，那么能否使文化具有可塑性？而本书正阐明了为什么简化文化是既不可取又不可行的。文化、变革和领导力之间有着千丝万缕的联系，而人们对这些概念的理解也千差万别，因为它们所囊括的系统是开放的、混乱的、模糊而隐晦的。虽然它们拥有的力量既明显又强大，但难以掌握和利用，否则，我们也就无须针对这组极其复杂的力量撰写一本"生存指南"了！

在过去的几年中，我们两人共同撰写并出版了《组织文化与领导力》(*Organizational Culture and Leadership*)（第 5 版）和《谦逊领导力：人际关系、开放与信任的力量》(*Humble Leadership: The Power of Relationships, Openness, and Trust*)，如今再次合著了新版的《沙因文化变革领导力》。从许多方面来说，我们对文化、领导力以及日益加速的组织变革之间存在的紧密联系有了新的认识，而新版的《沙因文化变革领导力》正是我们在这个领域所见所闻、所感所悟的结晶。

在累积了 35 年关于企业文化的书籍撰写经验之后，我们认为撰写本书的条件已经成熟。虽然我们一直希望这个领域的理论和实践能逐渐趋于一致，而如今的现实却是，人们的见解变得更加多样化。本书并非阐述应该做些什么以及如何做，而是将重点放在了这些年各种组织试图开展文化变革对我们的启迪上。**我们主要提供一些看待问题的角度而非**

解决方案，并对各种案例展开分析，以此来进一步阐述我们的观点，并希望给你带来一些思考。同时，本书还囊括了一些经实践证实能帮助你理解和掌握文化变革的分析工具。由于文化仍然是一个极具不确定性的概念，因此，为了找到一个确定的立足点，我们最好将文化变革视为不断变化的海浪——有着难以预料的波峰和波谷。

成为文化倡导者

不论是高管人员试图推行新的团队合作文化，还是采用丰田精益生产类似体系的员工团队试图寻求新的方式来改善运营，文化变革似乎都无处不在。如今，"文化倡导者"随处可见，有些组织还设立了"文化主管"的工作岗位，而整个人力资源部门上下都会及时响应不断变化的时代号召，将本部门的职责重新定位为"人力运营"和"人力分析"。不论是人力资源部门，还是组织发展部门，通常来说，人事管理团队都需要在组织中承担推行文化变革的责任。如果你是一名人力资源或组织发展的负责人，那么你不仅是本书的目标读者，你还可能成为在组织中呼吁"推行文化变革，上至董事会、首席执行官，下至新聘员工，人人有责"的第一人。

我们曾在之前的书中指出，在任何工作团队中，领导者管理团队的方式、他们的日常行为、他们所创建的激励系统、他们重点关注哪方面的优先级事项，以及如何评估结果和绩效等，都会逐渐形成工作团队特有的一种文化。因此，这本书也适合所有管理人员和领导者阅读。令人欣慰的是，多年以来，我们通过对文化深入思考，并通过文字将所思所悟带给读者，使得许多组织中各个年龄段的人对文化有了更深的认识，甚至令他们称自己为文化倡导者。越来越多的人意识到，组织中任何部门、任何环节、任何职位的员工都可以领导文化变革，因为文化变革真正需要的是领导者全身心的投入和昂扬的斗志。这种现象是 21 世纪一个全新的现象，而这种意识在 20 世纪还未曾觉醒，这种健康的现象着实令人兴奋。如果你也是这股新兴文化的倡导者之一，那么本书会为你解读一些概念和术语，并提供一些工具。

作为文化倡导者，当你在体验、强化并试图进行文化变革时，切不可忘记文化所蕴含的具有普遍性、强制性和颠覆性的强大力量。如果你试图通过制订某些季度计划来改变组织的文化，如举办一些"探索式课程"或啤酒狂欢节来增强员工凝聚力等，这将是很难实现的。文化变革领导力要求领导者在推行变革时行事严谨、态度庄重，而不是要领导者仅通过举办一些娱乐活动就妄图达到变革目的。推行文化变革的难易程度取决于组织的年龄和历史，而文化变革倡导者是否属于组织最高领导层、其职位名称中是否包含"文化"一词，组织的人力资源部门或组织发展部门是否聘请了厉害的文化咨询公司等，对推行变革的难易程度则没有那么大影响。

因此，我们希望通过本书，使文化倡导者、人力资源主管、组织发展领导者、高层领导者以及监督委员会等相关人员能更有底气、更有信心地面对领导文化变革的挑战。你并非只身一人，我们将与你共同面对。

在这个极具动荡性、不确定性、复杂性和模糊性的世界中，应如何思考文化问题，可谓是众说纷纭。本书第一部分以我们的观点为立足点，介绍了领导力、管理、文化和变革的定义，并阐明了这些元素在组织运作中始终密不可分的原因；我们还介绍了一系列新的结构性元素，这些元素可用于分析特定的文化，并能更加准确地反映出组织需要解决的各种技术任务和社会任务；还强调了深入研究亚单位及其亚文化的重要性，因为它们是理解企业文化变革的关键之处。同时，我们还强调了一个事实，即所有的团队和组织都处于一些更大的群体之中，因此也都会受到民族文化和职业文化等宏观文化的影响。

第二部分提供了一些分析工具和术语来描述在特定时刻观察到的文化现象。首先，我们从外部视角探讨了组织的文化结构，并提供了一些文化的分类方式，迄今为止，这些分类方式在文化分析中的有效性都得到了一定的证实；其次，我们从内部员工的视角探讨了组织的文化实践，即文化在组织中到底是如何运作的；最后，我们重点探讨了如何利用外部人士和内部员工的分析视角，通过采用相应的调查方法和分类方法，来分析推进或阻碍文化变革过程的因素。

第三部分将重点放在了"文化与变革动力"上。我们回顾了一些与文化变革过程相关的概念性模型，并提供了一些案例，希望我们对每个案例的看法和诠释都能使你从中获得一些关于变革动力的经验和教训。

附录部分详细介绍了一些你可能会用得上的分析工具，这些工具也许能帮助你更好地理解企业文化的多样性。

迈出文化变革的第一步

至此，我们希望你在文化变革之旅中迈出的第一步是：放下你手中的这本书，走进一处繁忙的公共办公区域，并全神贯注、融入其中。暂时忘掉你需要完成的任务，并抛却评判的眼光，仔细地去看、去听、去感受。如果你所观察到的一切都正常，所有人都井然有序地处理着工作任务，那么请你重新观察一遍；如果你得到的答案依然是"没错，正常，一切运作都十分良好、井然有序"，那么请移步去别的办公区域进行观察，因为或许在那里，你就能观察到一些运作不那么流畅的情况，并且，待你再次回过头看你刚开始观察的区域时，你可能会发现一切运作并没有你之前所认为的那样顺畅无比。

只有从一个足够深的层次去看、去听、去感受，你才能真正地理解我们在本书中所强调的不一致性和失验（disconfirmation）。如果你在组织内部发现了一处混乱不堪、会破坏整个组织的地方，请记住，这样的情况很常见，我们希望本书能给你带来一些宽慰和帮助。如果你发现组织某些环节的运转处于两个极端之间，即运转并不顺畅但又不至于完全无法运转，那么，你需要做的就是去看、去听、去感受，从而判断出究竟哪些地方需要变革。

通常来说，真正需要变革的事物都潜藏在暗处。如果需要变革的地方总是清晰可辨，那么你也就无须阅读本书了。

目 录

第一部分　认识文化变革领导力

第 1 章　文化变革领导力的新隐喻 - 003
海滩隐喻，文化、变革和领导力的相互关系 - 007
让文化变革具体和明确起来 - 010
为企业构建标准框架 - 012

第 2 章　文化变革领导力的动态模型 - 015
用四级关系模型重新认识领导力 - 017
明确变革的目的 - 022
变革计划中的 5 种文化元素 - 024
关于文化变革领导力的经验和教训 - 029

第二部分　理解和评估企业文化

第 3 章　外部视角下的文化结构 - 041
文化的结构与实践 - 043
三层次文化模型 - 046

荷塘隐喻，捕捉文化三层次的结构属性 . 047
从"露出水面"的表象推断企业文化 . 048
从对外宣传的信息推断企业文化 . 050
社会文化能成为企业的价值观念吗 . 055
共同的基本假设：了解文化基因 . 058
评价企业文化时要注意的 3 个关键点 . 062

第 4 章　内部视角下的文化实践 . 065

企业文化的 3 个维度 . 067
亚单位和亚文化 . 072
企业内部员工的文化实践具有社会-技术性 . 077
用全局眼光看待所有文化元素 . 080

第 5 章　如何进行文化评估 . 083

文化评估模型 . 085
用调查法评估文化时的注意事项 . 089
4 种文化模型 . 095
其他文化模型和评估系统 . 102
开展文化评估的 3 大驱动力 . 104
文化变革中的关键变量 . 107

第三部分　企业文化变革实践

第 6 章　如何有效地进行文化变革 . 113

启动文化变革的原因 . 115
反学习和新学习，深度转型性变革 . 120

文化变革的社会心理学模型 - 123
变革的 3 个关键原则 - 131
两种机制助力变革进程 - 134
构建并行学习系统，管理变革流程 - 135
变革团队和变革 5 步骤 - 137
让团队支持文化变革的 8 大条件 - 139
变革领导者必备的 3 大能力 - 141

第 7 章　成熟企业该如何进行文化变革 - 145

启动文化变革计划 - 148
将愿景表述为可操作的具体行为 - 150
分析变革的驱动力和约束力 - 152
教育干预，将理论应用于日常实践中 - 155
对技术文化开展结构性变革 - 157
如何让员工参与到变革计划中 - 158
"暂停计划"，加强员工的心理安全感 - 159
让员工参与设备的重新设计 - 164
培训内部人士，创建新的团队社交活动 - 165
高管的责任 - 167
阿尔法电力公司文化变革的启发 - 168

第 8 章　如何应对文化变革的影响 - 173

宏观市场低迷，变革势在必行 - 175
应用科特变革模型的 8 大步骤 - 176
从 "1.4" 到 "0.9" - 179
旅馆式办公 - 181
工作模式的改变，带来公司氛围的改变 - 183

未曾预料到的文化变革后果 _ 184
如何对待变革的衍生影响 _ 185
如何降低技术变革带来的社会文化风险 _ 188
阿尔法电力公司与贝塔公司的对比 _ 189

第9章　如何处理跨文化问题 _ 193

新型合作方式带来的挑战 _ 196
文化合并的 4 种模式 _ 197
最初的筛选考察"文化智力" _ 204
提供知识和培训 _ 205
积极发挥谦逊领导力,让学习者参与进来 _ 206
工作前与工作中的联合学习 _ 208
流程审查,团队的主要学习机制 _ 209
文化陷阱,"我们已经相互理解"的错觉 _ 210
文化岛屿,构建新的沟通规则 _ 212
对话过程 _ 213
跨文化分析的重点对话问题 _ 216
额外的工作 _ 217

结　语　文化变革领导力的未来 _ 221
附　录　制订文化变革计划的 4 种工具 _ 229
致　谢 _ 249

THE CORPORATE CULTURE SURVIVAL GUIDE

第一部分

认识文化变革
领导力

导读 THE CORPORATE CULTURE SURVIVAL GUIDE

这一部分是关于一些基本概念的定义，并针对文化、变革和领导力的核心概念做了阐述。在第 1 章，我们以一个动态的具有生成性的隐喻来探讨文化，并展示了领导力、文化和变革是如何共存于一个动态的、不断发展和不断进化的系统之中的。这是首次提出的一个动态模型，因此，我们希望你能花一些时间仔细思考，并对该模型进行讨论和改进。

想直接阅读案例的读者，可以直接跳至第 2 章结尾部分。

第 1 章

文化变革领导力的新隐喻

▶ 测一测你的文化变革领导力

1. 下列哪个选项描绘了文化、变革和领导力之间复杂的相互关系（　　）

   A. 海滩隐喻
   B. "解冻－变革－再冻结"三步变革模型
   C. 调查法

2. 在下列选项中，对文化的理解正确的是（　　）

   A. 文化是某个放之四海而皆准的模型
   B. 文化是某种可由领导者和"领头人"轻易建立、管理和操纵的事物
   C. 文化是领导者及其追随者在共同努力打拼出来的历史中，不断通过多方面的学习所形成的结构和习惯

3. 下列哪个选项作为变革目标会过于模糊、笼统（　　）

   A. 整个组织的文化
   B. 需要提高质量的产品和服务
   C. 需要提高工作效率的员工

扫码下载"湛庐阅读"App，
获取各章测试题答案。

第 1 章 ▶ 文化变革领导力的新隐喻

自本书第一版出版以来，在过去几十年中，不论是工作场合还是各种组织，都发生了翻天覆地的变化。我们所谓的"领导"、"变革"，以及"文化"这些词，都已经演变成相互交织在一起的、复杂的、动态的、系统的概念。

如果不认真对待这些日益复杂化的概念及它们之间的相互联系，那么变革计划要么将面临彻底的失败，要么将无法完成既定的目标。先说"领导力"，我们已经看到，其意义从"命令和控制"等类似表述转变成了"变革型领导力""分布式领导力""仆人式领导力"，并最终形成了我们所认为的一个更加广泛的概念——谦逊型领导力（humble leadership）。

"变革"的概念最早通常被认为是一个设想，即认为成功的变革是由组织高层所发起的，并且以线性和程序化的方式逐步向下延伸到组织各个层级的一系列步骤。这种模式至今仍然非常常见，但如今与之并存的还有日益增多的"自下而上"以及"不分层级的革新"等各种变革方式。过去较为普遍的变革模型大多数都是基于科特·勒温（Kurt Lewin）的"解冻-变革-再冻结"（unfreezing-changing-refreezing）三步变革模型,而此类模型也逐渐被其他模型所取代,因为人们日益认识到自己生活在一个极具动荡性、不确定性、复杂性和模糊性的世界中,无论乐意与否,变革都是不可避免的。

"文化"是一个非常模糊的概念,乃至今天组织中最突出的主题不论是什么,都能联系到文化上。最常见的观念就是将"文化"或称"氛围"视为工作场所带给人的感受,这种观念会使企业把重点放在员工敬业度和其他各种积极的策略上,力求能跻身"最佳工作场所"之列。

我们必须认真对待此类较为流行的文化概念,因为此类概念推动了当前的许多变革活动,同时,我们也必须做出强有力的声明,即我们如果不去尝试阐述文化的真正内涵,就无法帮助组织实现极为重要的一些目标。

在许多现代组织中,工作性质的变化导致了一种更精炼、更复杂的文化概念的出现。新的工作形式创造了新的组织类型,而这些组织又萌生出新的、不同的文化问题。归根结底,我们必须将领先的文化变革视为一种无论从何种视角来看,即从360°、自上而下、自下而上、从边到边等角度来看,都是由具有迭代性、包容性、适应性和非线性的步骤所交织而成的复杂概念。文化不是一种功能、一个结果、一种手段、一种效果或方法,而是领导者及其追随者在共同努力打拼出来的历史中,不断通过多方面的学习所形成的结构和惯例,它将塑造一个组织的未来。我们应该抛弃的一种神话是:把文化当成是某种可由领导者和"领头人"轻易建立、管理和操纵的事物,以期通过一个短期的冲刺、一场黑客马拉松、一个季度计划甚至年度计划就能带来积极的变革。

领导者和团队成员都将给新的团队带来他们各自的价值观，这种行为将逐渐形成团队的共有属性，并由此塑造团队的特征、团队自身架构形成的方式、团队开展工作时所采纳的流程，以及团队逐渐发展起来的能使其成员感觉舒适的各种规范。企业文化包括上述所有这些工作场合中的基本要素。

文化包含所观察到的行为，团队采用的仪式和礼节、选择对外宣传的价值观，团队不断发展形成的学习性和适应性的结构与流程，根深蒂固或被视为理所当然并能赋予日常行为意义的种种观念，甚至包含团队自定义的领导力。

海滩隐喻，文化、变革和领导力的相互关系

你可以想象一下自己站在海滩上，看着海浪一波接一波地涌起，然后拍打在平缓的海滩上。现在，请让你的思维跟着我们一起飞跃：海水、海洋可以象征着人类起起落落的各种行为，这些行为与过去相互作用的沉积物再不断相互作用，就形成了海滩所象征的文化。如果我们认为人类开展文化变革的目的是使事情变得更好，那么我们可以将从海洋吹向海岸的顺风视为变革的动力，将从海岸吹向海洋的逆风视为抵制变革的阻力，而它们所产生的各种影响则是促使或阻碍人类行动的自然力量或技术力量。

当人们处理抽象模糊且时常变化的概念时，例如领导力、变革和文化等，任何类比或隐喻都无法真正阐明其复杂性。即便如此，我们也仍需要一个隐喻，至少可以捕捉到这些概念所蕴含的动态的正能

量。海滩同时接受海水和风的相互作用，这种动态正好提供了一种隐喻（如图 1-1 所示）。

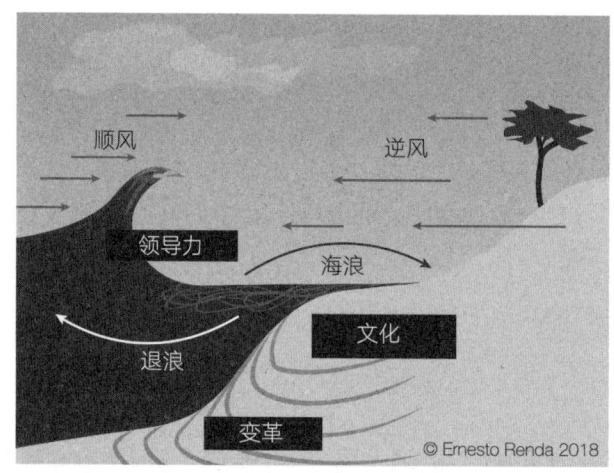

图片来源：欧内斯托·伦德（Ernesto Renda）的作品，2018。

图 1-1　海难隐喻

领导力可以看成是一波海浪或几波海浪。波浪的能量可以传递至更深的水域，促成海浪的涌动，即海水由某种现有的或之前存在的力（风力、潮汐力等）所推动而产生的运动。受水深变化的影响，随着海浪接近海滩，海浪开始形成浪尖，我们可以将这种态势想象成旨在发起变革的领导者的行为方式。海浪浪尖是由一组新的力量组合在一起而产生的。白色泡沫或浪花可以想象成变革的领导者或变革前沿。

变革是海浪的浪尖拍打在海滩上所形成的结果，包括领导者推动变革给组织带来的冲击和影响，以及退浪给不断涌来的海浪造成的影响。海浪波动的运动形式会受到海水、海滩或海岸、风等的作用力以及其他大气条件的影响。海浪的形成与回落是一个不断循环的过程,重复形成浪尖代表持续形成领导力,退浪代表持续变革。当你研究波浪时,你就会发现,持续的领导力与领导力最终导致的变革之间是一种反馈和迭代的关系,类似不断起落的水流,而不是一种线性的因果关系。这种不断运动的水流所形成的浪尖和退浪,虽然可能每次看起来都与上一次相同,但它们仍能对海滩或海岸产生新的影响,只是这种影响可能需要多次迭代才能看得出来。

文化是海滩,它创造了海浪形成浪尖(即领导力)的条件,这正是我们将文化加以形象化的方式。领导力和变革对文化(海滩或海岸的轮廓)的影响或许无法立竿见影,也就是说,文化的变化可能需要在几波巨浪之后才能观察到。历经 12 个小时的潮汐周期或一个季度,海滩的形状、轮廓都将反映出领导力(浪尖和冲击)以及变革(退浪)过程所发挥的作用。海浪浪尖的不断冲击与回落带动沙子运动,涉及浪能的转移以及海浪与海滩之间的摩擦,故此,海滩的轮廓不可能永远保持不变。同理,文化也会在类似的相互作用中发生变化。文化既是阻碍变革的摩擦力,又是使组织对领导力和变革周期逐渐产生反应的促进剂。

隐喻还应捕捉到文化、变革和领导力不断相互作用的过程,这既是一个历史过程,也是一个带有特定目的的人为过程。接下来,我们希望你能再次展开想象,将风向和风力视为自然的力量、海滩周围的环境状况,以及人类的推动力。在此,不妨将隐喻理想化一些,即海浪的形状、浪尖与退浪之间的关系、海浪的波长与频率之间的关系,都直接与风的运动状况相关。同样,我们认为风的运动是人类的推动力、意图和阻力。顺风代表领导力;逆风代表阻力;与文化相关的变革则既反映了领导力的维度,又反映了阻力的维度。

以这种程度的抽象思维来制订计划肯定是危险的。请想象一下，你所在公司的首席执行官或董事会建议"我们需要针对我们的文化做一些变革"，然后你开始解释海滩的隐喻，并询问他们能否点明这个新隐喻模型的着手点，以及他们通过开展文化变革试图解决什么问题。他们是想要移动一些沙石，还是彻底清理湍急海浪留下的所有海带碎屑？什么样的风在吹，朝哪个方向吹？

刚开始大家都会向你投来困惑的神情，但我们希望这个隐喻最终能够做到至关重要的一点：帮助你以具象的形式来思考领导力、文化和变革之间复杂的相互作用关系。

让文化变革具体和明确起来

理解海滩隐喻后，下一步要做的就是使变革变得具体。首席执行官或董事会提出"我们需要针对我们的文化做一些变革"时，他们的具体目的是什么？组织中到底什么运转失常了？他们试图解决组织中的什么问题？他们在担心什么？

换句话说，要想将文化、领导力和变革视为一个动态的、相互联系的系统，最明智的方法就是从以下问题着手："既然文化是整个系统的过去、现在和未来，那么具体需要改变什么？如果有问题的话，究竟是哪里出了问题？令人不快或者不安的是什么？你希望在这个不断流动的动态系统中看到什么样的改变？"你是需要增加顺风来激发主动性和创新，还是需要减少逆风来减小由过时的流程和结构所产生的阻力，又或者，应如何应对扰乱水流并导致湍流的侧风？甚至，你还可以确定海滩的颜色，使其具体表示"我们的文化问题就是没有足够的可用之才"。

有目的的改变不能只是振臂一呼以带来某种推动力（顺风），而是要清楚地指明到底什么地方出了问题，如此一来，才能将人力、物力都专门用在解决问题上。具体需要做何种变革，为什么？"针对文化进行变革"是一个过于笼统的答案，因为它事实上意味着"改变一切"——改变海滩、风向和风力，而这些改变需要经过漫长的时间，并且需要特定的起点。

一个丰富的生成性隐喻还有另外一个好处，即能提醒人们不仅要针对眼前的变革目标做出具体说明，还要记得永远不能忽视系统各个部分之间的相互作用。你可以明确指出以特定行为、态度、结构和过程为变革目标，但很可能你很快就会发现文化已然将它们相互联系在一起了，牵一发而动全身，某个方面的变革最终会对整个系统都产生影响。

对于"只见树木不见森林"、无法看到整个系统的现象，最简单、最直观的例子就是各种组织的共同愿望——"改变团队合作文化，使团队合作内化成积极的价值观"。例如，许多董事会和领导者都要求公司不同部门的销售人员在拜访客户时以团队的形式工作，为客户提供统一的沟通渠道，以避免客户对定价、折扣和账户所有权等事项产生混淆。同时，将既有的奖励制度变革为针对跨部门团队而实行的奖励制度，抛弃针对最佳销售人员的个人奖励制度和年度奖励制度，或是将现有的销售经理选拔制度变革成依据带领团体合作的能力来选拔等，但此类提议最终大多被拒绝了。许多公司发现，人们对销售性质的普遍看法就是，以给予个人奖励为基础，销售效果才最佳。

将组织的销售文化从个人单干转化为团队协作的愿望，并不符合当前文化中人们对"能切实促进销售业绩"所持的设想。以基于团队的奖励措施来变革销售文化，其复杂程度远超制度变革或会计变革。宣布"星期三团队合作日"可能只能作为文化变革的一个起点（就像一波海浪拍碎于海滩上一样），在接下来的几年中，可能要用无数个星期三，才能真正改变人们对销售业绩和销售报酬所持有的根深蒂固的观念。海滩轮廓变化得十分缓慢。

为企业构建标准框架

有些人认为积极文化能反映员工在工作中的敬业程度，这是一个普遍存在的误解。他们认为，可观的收益，时尚美观的办公室设计，针对年轻员工制定的、能满足其个性化需求的新型奖励措施等，诸如此类的制度和措施能持续带来这种积极文化。

一些现代企业确实能通过此类措施提升员工敬业度，并且这种效果从匿名调研的相关分数中反映了出来，但这种提升充其量只是暂时的，无法改变企业所秉持的任何固有观念，包括企业形象、技术、企业选择的自我成长模式、不断完善起来的职业发展晋升体系，以及企业日常对待员工的方式和态度。换句话说，海滩是一个巨大的、复杂的、多层次的事物，有些部分可能确实需要清理，但若以整个海滩为变革目标，那么这个目标就定得太模糊了，不具有可操作性。同理，文化也是如此。

"文化"一词遭到了人们的普遍滥用，如"创新文化""安全文化"或"质量文化"等。在接下来的章节中，我们将以更加实际、更加具体

第 1 章 ▶ 文化变革领导力的新隐喻

的方式讨论领导力、文化和变革。实际上，当我们与想要进行文化变革的领导者磋商时，我们要做的第一件事通常就是，所有人都达成不再使用"文化"一词的共识。我们需要以更加具体的方式来阐明问题到底出在哪里、什么地方令人担心，以及我们在谈论的究竟是什么，并且针对此类问题给出具体行为实例。

之所以要以具体、明确的方式来阐明相关问题，主要是因为我们在观察组织的整体状况时，发现了由各种自然条件（技术）和人为创造的历史条件所形成的诸多海滩（即文化）类型：

- **条件一，组织的年龄和规模**。刚刚建立起其信念、价值观和行为规范并对此加以巩固的年轻初创企业与经历过风浪并存活多年的中年企业不同，因为这些中年企业如今需要与实力更强的老牌企业相竞争，而老牌企业虽然拥有悠久的成功历史，但现如今也面临着重重危机。是创造一个新的海滩，还是发展和保护已经建成的海滩，抑或是拆除旧海滩上的一些"岩石"以构建一个新的海滩，这些情况所需的变革过程有着很大的差异。

- **条件二，组织类型**。商界的营利性组织、卫生保健系统中的诊所和医院、公共事业和服务业组织、非营利组织、基金会、艺术和表演组织、政府和政治组织等，它们的社会功能不同，在各自的领域运作时所接纳的价值观也不同，所以不断进化发展出了不同类型的海滩。不同类型的组织在开展文化变革时有着根本上的差异，因为这些组织所秉持的价值观是不同的。

- **条件三，工作类型和基础技术**。100 多年来，各种组织都经历了巨大的转变，它们最开始是基于各种体力劳动的生产机器，如今转变成了基于知识的服务系统，如今它们能将纯粹的认知工作流程与机器人技术、人工智能以及其他更加自动化的生产和分销系统结合在一起。新的工作形式将构建新的组织形式，而这些组织也将创建出不同的文化和不同的变革形式。

我们所探讨的领导力、文化和变革的含义都已经发生了巨大的变化，它们的含义变得更加具体，因此在本书中，我们以举例的方式来探讨其含义，而不是将重点放在某个放之四海而皆准的模型上。为了给此类案例构建一个标准框架，第2章针对关于领导力、文化和变革的概念进行了精炼和改善，以此作为从普遍定义到我们所提供的各种示例之间的铺垫。

The Corporate Culture Survival Guide
文化变革领导力清单

1. 海滩隐喻，文化、变革、领导力之间的动态关系：
   ①文化是海滩，它创造了海浪形成浪尖（即领导力）的条件；
   ②变革是海浪的浪尖拍打在海滩上所形成的结果，包括领导者推动变革给组织带来的冲击和影响，以及退浪给不断涌来的海浪造成的影响；
   ③领导力可以看成是一波海浪或几波海浪。海浪形成浪尖的态势就是旨在发起变革的领导者的行为方式。海浪浪尖是由一组新的力量组合在一起而产生的。白色泡沫或浪花可以想象成变革的领导者或变革前沿。

第 2 章

文化变革领导力的动态模型

▶ 测一测你的文化变革领导力

1. 文化变革领导力要求建立更加深入、开放的第二级人际关系。那么，第二级人际关系是一种怎样的关系？（　　）

   A. 开放和信任、协同合作的人际关系
   B. 各司其职、仅限于业务交流的人际关系
   C. 非常紧密的人际关系

2. 关于领导、领导力或领导者，下列说法正确的是？（　　）

   A. 领导者是某种正式的职位
   B. 领导意味着带领团队学习新技能，接受新的信念和价值观
   C. 可能会采用原来的流程或规章制度的管理者，一定拥有领导力

3. 如何才能让员工或企业管理者心甘情愿地接受变革？（　　）

   A. 必须先与变革目标建立良好的第二级人际关系
   B. 开展变革培训计划
   C. 强制推行变革

第 2 章 ▶ 文化变革领导力的动态模型

在这个极具动荡性、不确定性、复杂性和模糊性的世界中，人们需要更加精准地把握文化变革领导力的意义，这个意义不仅包括每个词的含义，而且包括它们组合在一起时在动态系统中的含义。从领导力的概念开始，我们给出了更精确的定义和解读，使之与管理区分开来。我们还强调了谦逊型领导力以及建立开放和信任关系的方法，此类方法对加速文化变革至关重要。

用四级关系模型重新认识领导力

我们谈论的变革领导者或变革负责人所指代的范围非常宽泛，包括管理者、规划师、架构师、执行者等。因此，我们首先可能需要进一步厘清"文化变革领导者"的具体含义究竟是什么。请思考一下下列"领导者"的替代名词：主管、首席执行官、董事、老板、经理、指挥者、队长、召集人、管理者、推动者、促进者等。

"领导"的基本定义除了"具有更多的权力和责任"，其具体含义还会因组织的类型和组织所涉及的工作种类而有很大不同。如果深究动词或名词"领导"的普遍含义，就会发现，它通常都意味着"采取更新颖、更优良的措施"。这适用于很多场合，包括使各种"流程改进"或"转变"计划变得更高效、更安全、更有效、更富有创造力，并能使组织为员工、客户、顾客、患者、公民等对象提供更优质的体验。它还意味着改善工作场合中的人际互动和人际关系。

在一场争论不休的会议上，能促使会议取得圆满结果的任何团队成员其实都是领导者，与团队名义上的负责人或会议召集人具有同等意义。如果只将有领导头衔的人视为拥有领导力的人，就无法将管理与领导明确区分为具有不同目的的活动。

领导力即关系

领导力，究其根本是一种关系，与所涉及的具体角色或职务无关。"领导力即关系"的概念能通过四级关系模型（如表 2-1 所示）来阐明，在西方社会中，这些关系类型都十分常见。

在团队、大型组织甚至松散耦合的生态系统中，要想成功实现持续性变革，就需要领导者能将他们与员工之间的关系从普遍的第一级发展到第二级，即从各司其职并保持专业距离的业务关系，发展成具有开放性和相互信任特征的关系。这个理念将作为核心贯穿本书的始终。

不论是从横向还是纵向上考虑，建立第二级关系都是至关重要的，因为"接纳信任"通常意味着人们建立了足够的信任关系和心理安全感，这足以使任何人在变革偏离正轨时发出警告。相较于有头衔的领导者,比如部门负责人、副总裁等,可能中层管理者之间更容易建立这种关系。领导者通常需要360°全方位的开放和信任关系,只有这样,才能不断推进适应性变革。因此,我们需要仔细探讨领导和管理之间的常见区别。

表 2-1 四级关系模型

负一级	剥削压榨,在监狱、奴隶制度和血汗工厂中常见的一种负面人际关系
	评论:在这种充满了负面情绪的工作场合或团体中,人们之间可能会形成紧张的敌对关系,类似警卫和囚犯。我们认为,通常在这种关系中占有优势的一方具有绝对控制权,各方互不信任
第一级	各司其职、仅限于业务交流的人际关系,常见于顾客与店员、银行出纳员、服务人员之间,以及不同部门的同事甚至路上擦肩而过的行人之间
	评论:各方并不"相互了解",但都相信对方不会损害自己的利益,并且各方为了开展正常的业务合作,在保持适当专业距离的前提下,具有一定程度的开放性
第二级	开放和信任、协同合作的人际关系,常见于紧密的合作关系与效益颇高或富于创新的伙伴关系之中
	评论:更深层次的开放和信任是这种关系的基石。各方达成一致,凡事互相帮助,而不是互相破坏,并建立起坦诚的心理安全感
第三级	非常紧密的人际关系,常见于恋爱、婚姻、家庭伙伴关系以及一些其他形式的专业联系中
	评论:通常,人们在工作场合会尽量避免这种关系,因为人都有可能会由于过于亲密而有失公正。但在某些情况下,如军队、乐队甚至初创公司等组织之中,成员之间需要有高度信任和开放的亲密关系,才能展开极高程度的协同合作

管理不等于领导力

要将领导力与管理区分开来,最有效的方法是找到动词"管理"和

"领导"之间的区别。管理通常与"负责完成某件事"相关，这可能意味着在开展工作时需要遵循设计、坚持协议，或意味着要确保所有事情都不出差错，抑或是指将完成工作所需的一切人力、物力都集中到一起。管理的根本是推动已证明有效的工作流程稳步向前，在出现影响效率、质量、安全性的偏差或错误时，及时控制偏差、纠正错误。

管理也可能是一个需要应对和适应外部和内部多方面破坏力的过程，在这个过程中，管理者要使工作流程顺利进行下去，减少各种扰乱性的变化和不符合原定协议的偏差，采取适应性措施，从而尽可能地保持现状并维持工作的稳定推进。管理者可能会采用原有的流程或规章制度，也可能会任用原班人马开展工作，通常情况下，我们不会认为此类管理者拥有领导力。

领导意味着带领团队学习新的技能，使团队接受新的信念和价值观，因此与管理相比，领导与重新制订流程、优化流程以及使原有流程更具适应性和创新性有着更加紧密的联系。一个人可以是管理者，但不管在什么时候，只要他能发现更优良的方案，或在别人向他提出更优良的方案时，能决定带领团队采纳新方案，他就可以被称为领导者。换句话说，领导不是某种正式的职位，而是在团队中任何地方都有可能发生的一种活动。

事实上，各种领导力模型中都存在一个常见问题，那就是认为领导活动就应该由处于领导职位的人来实施和完成。在不同的时候，经理和团队成员都可以通过"采取更新颖、更优良的措施"来领导整个团队，但是当"采取更新颖、更优良的措施"意味着改变既定流程和方式，并且这种既定流程和方式一直以来都是团队维持稳定结构和连贯性的基石时，管理和领导就站在了对立面。

变革负责人即被正式任命负责管理变革的人，就属于领导角色。因此，变革负责人有责任提出并采用更新颖、更优良的结构、流程，以期获得更好的结果。可以预见的是，在开展变革时，变革负责人会遇到经理和员工的抵触，因为这些人的工作就是使经实践验证有效的、固有的稳定流程保持不变。

如何在不确定性的世界中进行领导

在这个极具动荡性、不确定性、复杂性和模糊性的世界中，"管理"和"领导"这两个动词都具有新的含义。管理仍然意味着要在一个合理的水平上稳定、高质、安全地运转整个组织，但同时也意味着要对来组织外部和内部的破坏力迅速做出反应并及时适应它们。领导不仅意味着要重新架构组织的工作及其完成方式，也意味着要建立良好的关系，这样才能使更新颖、更优良的措施获得理解并顺利实施。与机器工业时代相比，如今领导者需要建立的人际关系水平通常更高，需要达到第二级。

在各司其职、仅限于业务交流的第一级人际关系水平，有时候也会出现自发性领导行为，这通常是由于更新颖、更优良的措施可以通过外界或组织内部专家设计出来，然后由组织高层向下通过沟通传达、开展培训或设置激励机制等方式来推广实施。在这个极具动荡性、不确定性、复杂性和模糊性的世界中，要想顺利推行更新颖、更优良的措施，通常需要在所有层级之间以及整个团体内部都建立起开放和信任的关系，只有这样，才能从各个层级收集准确的信息，获知问题所在；才能提升认可程度，使新措施在推行时更加顺利。

当新措施涉及对问题进行重新架构、改变某些概念的含义、改变身份，以及接受新的价值观时，团体成员的认可程度就变得至关重要。换句话说，文化变革领导力要能建立更加深入、开放的第二级人际关系。

对不同年龄、不同规模的组织而言，"领导"一词具有完全不同的含义。对年轻公司来说，创始人在成立公司并使其不断壮大的过程中，在与员工共同经历的学习探索的过程中，所有萌生出的文化元素交织在一起，就形成了年轻公司的企业文化。年轻公司的文化理念源于其创始人和接班人的深刻价值观。在成熟的中年组织或老牌组织中，这些价值观早已内嵌在此类组织的结构中，并由于组织成员已经将既有的运作模式视为组织成功的根源，所以他们也会理所当然地接受此类价值观。

换句话说，在组织的早期发展中，创始人和早期接班人所重视的价值观、所树立的榜样、所推行的奖惩制度等，实际上都是他们的领导力所创造的文化元素。组织日常就需要不断以更新颖、更优良的措施开展工作。在成功的组织中，这些价值观将根植于组织的结构和运作之中，从而进一步定义如今在这种文化中能为组织成员所接受的领导力。总的来说，在年轻公司中，领导力创造了文化；而在中年组织或老牌组织中，文化则反过来定义并限制了组织可接受的领导力。

明确变革的目的

我们希望在此明确告知你，作为一名管理者和潜在的文化变革领导者，你必须了解什么、必须问清哪些问题、必须面对哪些问题，以及在实施文化变革领导力的途中会遇到怎样的状况。其中的关键可能是，你需要考虑清楚"变革"一词对你来说究竟意味着什么，因为在寻求变革的过程中，无意识偏见会影响你观察、聆听和重新架构问题的方式。请考虑一下下列变革目的：

- 提高工作效率；
- 改善你所提供的产品和服务的质量；
- 使工作场所更加安全；
- 使工作变得更具吸引力，从而改善员工的工作体验；
- 改善日常任务，使其更简易、更有效；
- 为员工提供教学、辅导、指导活动；
- 影响你的上下级和周围的人，使他们采纳能更好地反映你的信念和价值观的新思维方式或行为模式；
- 适应并应对新生力量。

有些变革的目的在于纠正，例如采取补救措施或纠正偏离正轨的事物；有些变革的目的在于改进、创新、创造、增加更加优良的新事物。有些变革针对的是工作本身及工作中所采用的技术，而有些变革则针对的是团体或组织层级中的人际关系。

生命是一个随着年龄而不断增长、维持、补偿和退化的过程，对个体而言是这样，对组织而言同样如此。要想成为一名变革领导者，就必须非常清楚自己的变革目的，并认识到，稳定局势或使流程回归正轨也可以是重要的变革，因为即使工作流程保持不变，也能通过变革创造新的、更加优良的人际关系。

变革计划中的 5 种文化元素

我们一直将文化视为一种多层次的现象，并用许多不同的方式来进行隐喻——冰山、荷塘以及海滩，从而展现我们眼中的文化所具有的特征，同时提醒自己，文化始终蕴含着观察者无法轻易看到的更深层次的活跃结构和进程。

海滩隐喻强调了一点，文化变革都是在极具动态性的外部环境中发生的，而外部环境总是在不断地以诸多方式改变着海滩。作为一名潜在的变革领导者，你应该仔细思考这些隐喻，以提醒自己和他人：领导力、文化和变革总是处于动态的互动中，而这一切又都发生在更广阔的文化环境中，这些文化环境包括组织所在地的地方文化、国家文化甚至全球文化。那么，可能就有一个关键问题随之出现：在某个特定的时候，外部文化环境是顺风即起到推动变革的作用，还是逆风即增大了变革的阻力？是影响了领导力海浪的形成，还是影响了组织对领导力意图的反映？

所有团体和组织都有双重目的：在外部环境中生存和成长的同时，完成某些任务；管理组织内部，并在成员之间建立能顺利开展工作的人际关系。我们将大环境中的文化称为宏观文化，将工作任务中的文化称为技术文化，并将组织内部的文化称为社会文化。

第 2 章 ▶ 文化变革领导力的动态模型

随着组织的不断成熟，组织内部可能会形成亚单位。这些亚单位如群体、部门或层级梯队逐渐发展出自己的亚文化，此类亚文化可能与同一组织内部其他亚单位所形成的亚文化相一致，但也可能不一致。其中，有些亚单位会负责相当独立的任务，有时甚至独立运作，因此此类亚单位有其专属的微观文化。将上述文化元素区分清楚，有助于你在评估组织整体文化或制订变革计划时，更好地把握应重点关注整体文化中的哪个方面。各种文化元素以标靶图的形式清楚地展现了出来，如图2-1所示。

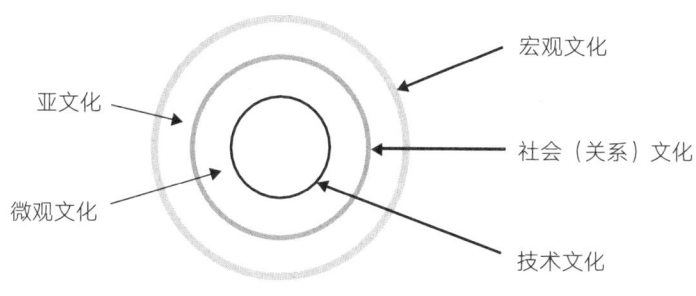

图2-1　5种文化元素

宏观文化

宏观文化是组织在运作时所处的广阔的文化环境，反映了与国家、种族和职业相关的价值观、信念和规范。宏观文化涉及关于真理的本质、时空的本质、人的本性以及人际关系等的更基本的一些共识。当组织或团体成员来自多个职业或来自不同民族文化，抑或是组织在许多不同国家开展业务时，宏观文化所包含的价值观和规范就变得至关重要。我们发现，我们所定义的企业文化在不同程度上都反映了组织所赖以生存发展的宏观文化。

组织的技术文化

组织的产出必然会反映出组织开展工作时所采用的技术。我们可以将技术文化解构为共同信念、价值观和规范，其中涉及：①组织的基本使命、战略和目标；②执行工作任务时所采用的工作结构、系统和流程；③确保组织保持正常运作的衡量和校正系统。在上述所有领域，全体成员相对稳定且拥有一定历史的团体，都将逐渐发展出其信念和运作方式，并由此逐渐形成共同的理念，我们称之为内部技术文化。

组织的社会文化

组织的核心目标可以通过多种方式实现，核心目标既反映了组织的创始人和早期领导者的信念和价值观，也反映了组织的工作要求。开展工作的团队成员会对自身进行管理、建立某种等级制度或阶层系统，并建立适合团队的人际关系规范。团队中将会发展出：①共同语言；②定义团队范畴的身份特征；③定义权威等级和亲密程度的人际关系系统；④能合理规划职位分配的奖惩和控制系统。这些都是内部社会文化。

在实际情况中，组织在完成任务并维持生存和发展时，需要将组织的结构和实践进行社会整合，因此，组织成员所体验到的可能会是技术文化和社会文化合二为一的整体文化。每个团体都会有双重目的：既要有效地完成任务，又要建立和维持能使组织不断成长的人际关系。

技术文化和社会文化必然会相互影响、相互制约。如果内部社会文化的基石是鼓励个人竞争，并且个人的职业发展取决于个人竞争力水平，那么，不论高级管理人员如何强调销售团队必须协同合作才能更好地提升销售业绩，最终都将无济于事。在这种情况下，需要将内部社会文化转变成一个强调协作的体系，然后才能实现技术文化层面的目标。

组织的亚文化

由于职能、地理位置、产品和市场的不同，组织中发展出来的亚单位也不同。任何一个在组织内部成长了一段时间、成员相对稳定的亚单位，都将开始在母体企业文化中发展出自己的亚文化。亚文化通常部分扎根于组织外部，具有较强的专业性和职业性，从而造成了文化偏差。因此，亚单位的专业文化价值可能会与母体组织以及其他亚单位的技术文化和社会文化发生冲突。

举例来说，工程部门的亚文化注重高性能，而销售部门或营销部门的亚文化则注重低成本和易用性。在对比软件工程亚文化（"编程人员"）和硬件工程亚文化（"硬件人员"）时，我们能更深刻地体会到亚文化侧重点的不同。还有一种情况也属于亚文化之间的冲突，即组织中的信息技术部门与其他所有需要用到信息技术的"客户"部门之间经久不衰的"谜"之冲突。

亚文化的进化过程同样适用于组织的各种职权等级。高管人员、中层管理人员、主管、员工团体、工会、委员会或特别任务团队等，由于圈内成员经常碰面，自然就会逐渐形成亚文化圈。这些亚文化既有可能互不影响，也有可能出现冲突。

在推行文化变革时，一些最棘手的问题通常并非出现在整个组织的技术文化和社会文化上，而是出现在组织中不同亚文化之间的冲突上。

由于个体深受组织日常运作的影响，因此每个人都需要反思的是，每个人究竟身处多少交叠的亚文化之中，这些亚文化又是如何对每个人产生影响的。

组织的微观文化

微观文化是组织体系中的亚单位文化，每个亚单位都有具体的任务，并且各个亚单位之间的联系不紧密。在一些组织中，微观系统是微观文化得以形成和发展的温床，并且这一概念已经变得非常实用。以医疗保健系统为例，这个系统中的手术室、重症监护室、癌症治疗中心、隔离病房和专门病房都发展出了各自的内部技术文化和社会文化。

患者接触到这些微观系统时常常会发现，此类微观系统彼此之间的沟通非常不顺畅。医疗系统中的不同微观系统在针对患者的特殊需求沟通时，经常产生误解，从而导致开错药或疗法不当。因此，亟待变革和改善的地方往往就在于微观系统之间的沟通合作。微观系统之间之所以会出现这些问题，是由于各个亚单位的成员通常没有认识到他们与其他亚单位成员之间拥有不同的微观文化，因此也就没有使用共同语言，也就无从判断其他微观系统满足患者需求的能力如何。

我们还发现，在许多行业中，在高级管理、产品和服务的创造或设计，以及生产和提供产品或服务的"生产线"3个微观系统中，也存在着一些典型的微观文化。高管、设计人员、生产线员工会因为侧重的价值不同，而导致微观文化冲突：高管更加看重整个组织的财务健康状况，设计人员侧重于产品或服务的创新和性能，而生产线员工则将重点放在效率、质量和安全性上。确切地说，如何区分亚文化和微观文化将取决于具体情况和商业环境。例如，一家当地的初创企业可能才刚刚形成独特的亚文化（如营销、工程、金融等）；而一家老牌大型跨国企业集团则通常拥有许多种不同的亚文化和微观文化，此类亚文化和微观文化都十分活跃、成熟，并且都能在组织的认知和决策上发挥有效作用。

当谈论文化变革时，需要在变革计划中具体指出将会涉及哪些文化元素（技术文化、社会文化、亚文化或微观文化），否则就是言之无物。根据具体文化元素类型来设计文化变革，对确定组织中变革的顺风来源以及逆风和阻力来源而言是非常关键的，同时也能让我们始终谨记，各种文化元素总是互相关联的，因此它们将会在文化变革过程中形成侧风，起到推进或阻碍变革的作用。

关于文化变革领导力的经验和教训

在本章中，我们将动词"领导"定义为推动和实施"更新颖、更优良的措施"，并且展示了这个过程在实践中很大程度上取决于推动变革的驱动力究竟侧重于何种变革，以及在制订和推行变革计划时会涉及企业文化的哪些元素。我们探讨了不同级别的人际关系，这些人际关系广泛存在于各种组织中。我们认为，文化变革领导力可能至少要求建立第二级人际关系，即不论从纵向还是横向而言，组织成员之间都能保持开放和信任的关系。为了进一步阐明区别上述概念的重要性，我们接下来举几个文化变革领导力的案例，其中既有成功的经验，也有失败的教训。

文化变革领导力实践

案例 1　在技术文化层面开展变革

　　一家保险公司的首席执行官决定引入一个新的复杂的IT系统，这将极大地提高生产率。于是，他聘请了一位IT主管，让IT主管花两年的时间来安装IT系统，但他没有考虑到员工学习使用新系统的困难性，也没有意识到他给IT部门和生产线管理人员设定的目标相互矛盾。参与培训的学员对不脱产学习颇有微词；而IT主管则根本没有意识到，他需要先得到生产线管理层亚文化的全力支持，并让生产线员工脱产学习，才能更好地推行新的IT系统。她根本没有与平级的高级生产线主管建立起第二级人际关系，而是想当然地认为，既然首席执行官给出了指令，那么生产线主管一定会全力支持她。首席执行官没能看到组织现有的技术文化与新IT系统变革计划之间的紧密联系，他想当然地认为生产线主管会让员工脱产学习，而且他竟然不记得自己要求过生产部门必须完成之前设定的产能目标。结果，生产线主管既没有允许员工脱产学习，也没有注意到员工的抱怨，而员工认为他们只学习了系统的基本知识，根本没有学习到旨在提高生产率的关键知识。

　　当所有人都完成了正式的课堂学习计划后，IT主管当即认为学员毕业就等于新IT系统已经成功落实到位。虽然这家公司对新系统进行了大量宣传，甚至因计划推行落实的速度如此之快而授予IT主管奖章，但目标中的产能提升却从未得以实现，并且，由于员工没有真正了解如何从新系统中获得最大效益，而整体士气低落。

上述案例给我们带来的教训有 4 点：①变革计划没有准确地评估出技术文化背后以产能为推动力的比重；②首席执行官要求在两年时间内落实新计划，却没有给员工足够的时间脱产学习，并且对自己下达的含混不清的要求视而不见；③文化变革领导者没有意识到在技术文化领导者与 IT 亚文化领导者之间建立起第二级人际关系（即协同合作关系）的重要性；④作为变革目标的生产线员工，既没有人问他们需要花多长时间来学习该计划，也没有人就需要何种培训辅导才能完全落实变革计划为他们提供咨询。

The Corporate Culture Survival Guide
文化变革领导力实践

案例 2　在多元文化层面开展变革

对于政府资助的多个行业，如采矿、造船、瓶装水生产销售等，是否应尝试根据瑞典的宏观文化价值观发展出一种统一的文化，瑞典政府专门成立了一个特别任务行动团队来研究这个问题。政府认为，如果能基于共同价值观发展出统一的管理系统，那么管理技能就可以在各行业中通用，如此一来就可以提高生产力。因此，当务之急就是发展出一种统一的文化。

针对这个提案，特别任务行动团队对其中涉及的每个行业都进行了广泛调查和深入访谈，以确定这个提案的成本和收益。随后，他们计划召开一次最终决策会议，并由埃德加·沙因担任顾问。会议上，大家针对每个行业进行讨论时发现，各行各业所采用的技术完全不同，由此所形成的技术文化也截然不同，这就使得这个提案的目标之一——管理人员能在各个行业的管理岗位上高效地流动，变得非常不切实际，因为不同行业的管理岗位涉及不同的知识基础和技能。

经过分析，特别任务行动团队发现，之前他们想当然地认为，既然所有的员工和管理人员都是瑞典人，那么每个行业自然也就具有相同的文化。但他们没有意识到，每个行业的技术文化都会对社会文化产生重大的影响，从而导致了截然不同的人力资源政策和实践情况。当地的行业文化和组织文化推翻了他们之前的设想，共同的瑞典宏观文化并不能创造出统一的管理实践。他们深入探索了文化元素后，就发现培养一批政府级骨干管理队伍来统一管理政府旗下所有公司，根本就是异想天开。

上述案例给我们带来的教训有 3 点：①即使是在同一个宏观文化中，行业文化和技术文化的差异也很大，因此企业文化也会千差万别；②这些行业文化在公司内部又创造了独特的技术文化和社会文化；③虽然在特定行业内岗位调动是可行的，但即使是最高管理层也很难实行跨行业岗位调动。

―――――― The Corporate Culture Survival Guide ――――――
文化变革领导力实践

案例 3　在亚文化层面开展变革

麻省理工学院计划推行一个新的 SAP 人力资源管理系统，从而使全体教职工能更轻松、更快捷地获得有关同事和学生的信息，并为此制订了一个强化培训计划。这个计划主要针对人力资源部门的管理人员，因为他们是这个系统的主要使用者。新系统推行团队成员既在麻省理工学院的信息技术部亚文化中，又在人力资源部亚文化中。由于两个部门成员都是同事，因此，推行团队成员自然而然地将他们视为会欣然接纳新系统的变革目标。

新系统推行团队为各部门提供了相应的培训课程，但各部门的管理人员兴致都不高，参加培训课程时也经常缺课，还总抱怨新系统的复杂性。

新系统推行团队的负责人挑选出几位管理人员开展了一系列个人访谈和团队访谈。他发现，各部门管理人员之所以有如此态度，是因为他们的上司都对这个 SAP 系统持非常消极的态度，并告诉他们无须花太多时间去学习。如此一来，新系统推行团队才意识到，教职工大都将此系统视为没有任何益处的额外负担。

新系统推行团队还意识到，教职工才是新系统潜在的最终用户，但他们并没有花太多精力来深入了解教职工的想法。他们在一开始就应该将全体教职工定义为变革的真正目标，因为全体教职工才应该是整个新系统的最终受益者。

随后，新系统推行计划的重点就转移到了全体教职工身上，全体教职工成为变革的真正目标。但是，如何将已经对 SAP 系统持消极态度的教职工转变为用户？也就是说，如何展示新系统带来的好处，使教职工心甘情愿地使用新系统？于是，新系统推行团队开始尝试了解教职工是如何使用当前的电话簿系统的，以及新系统会切实带来何种改进。

随后，新系统推行团队的成员努力与部门负责人和项目负责人建立了第二级人际关系，了解了当前纸质电话簿的使用方式及其局限性，以及教职工实际需要哪些类型的信息。团队成员还向部门负责人询问,如果有一种网上系统,不仅能快速查询所有教职工和学生的居住地,还能将电话和电子邮件地址都存储在电脑上,那么这种系统能否更好地替代已经过时了的纸质电话簿。如此一来,教职工都参与了进来,并对新系统的潜力产生了热情,随后立即要求管理员学习并安装新系统。

上述案例给我们带来的主要教训有3点:①推行变革的团队未能深入了解组织中各个亚单位之间的相互联系,因此也就未能识别出在变革中最具话语权的亚单位带来的潜在变革阻力。②实施变革项目并不是一次性的事情,而是需要经常重新设计,并且在发现新的阻力时采取新的措施,这一点也很重要。③最重要的一点是,推行变革的团队从自身经历中了解到,他们必须先与变革目标即教职工建立良好的人际关系,而后才能知道如何让教职工心甘情愿地接纳新系统。

---The Corporate Culture Survival Guide---
文化变革领导力实践

案例4 在社会文化层面开展变革

在"减少急诊患者的等候时间"创新变革中,其中一项就是将所有医务人员分成6人一组的团队,并确保每个团队中都涵盖各科医生、护士和技术人员等。这样一来,无论急诊患者需要何种救治,每个团队都能及时应对。众所周知,通常急诊患者的等候时间都花在了寻找与病情相对应的专业医生上。

以这种形式组队,能保证每个团队中都有大多数急诊室常见状况所需的专业技能;能保证在任何一个班次,所有医疗资源都能到位；还能安排所有医务人员实行 8 小时轮班制，这既能提升医务人员的工作体验，又能确保全天候都有足够应对急诊室状况所需的全部技能。这种团队系统的使用大大减少了急诊室患者的等待时间，是医院技术文化的一次重大变革。

研究发现，这种系统在一些医院中运作十分顺畅，然而另一些医院则彻底放弃了使用它。这是为什么呢？在那些拒绝或放弃使用这种系统的医院中，有一些医生拒绝加入团队的原因是他们不相信护士长。护士长需要负责安排医生的工作班次，而一些医生认为护士长不能公平地分配任务和班次，也就是说，他们认为护士长总是根据个人偏好来分配人员，进而"操纵"系统。

上述情况揭示出，这些医院的社会文化经历多年的演变，形成了如今低信任度的、仅限于业务交流的第一级人际关系文化。在这种文化中，各个层级之间、护士和医生两种职业之间都互不信任，而系统推行者由于未能深入分析社会文化的影响，因此也就既没能发现医生和护士之间长期以来所形成的紧张关系，也没能发现部分医务人员凭个人偏好安排工作的习惯。

上述案例给我们带来的主要教训有两点：①如果现存的社会文化已经形成某些常规和价值观，而这些常规和价值观与新的工作方式相悖的话，那么在技术文化层面所推行的新工作方式往往难以落实。②在组织中，如果子系统是相互关联的，就意味着任何一个子系统都可以破坏变革进程。

文化变革领导力实践

案例5 避免亚文化冲突的实践启示

美国海军研究实验室（Naval Research Lab）的一个变革团队邀请埃德加·沙因参与了一项变革计划。这所实验室的总部基地位于华盛顿特区，负责监管新英格兰地区的4个研究单位。它是4个研究单位的技术管理机构，而4个研究单位的工作则由华盛顿的4个赞助商出资支持。

可以预料到的是，由于巨大的亚文化差异，4个研究单位和4个赞助商之间会存在沟通问题和资源分配问题。因此，美国海军研究实验室总部担心，如果新英格兰的4个研究单位之间及其亚文化之间发生了冲突，那么将同样会给4个赞助商带来麻烦。因此，当务之急是要针对这4个研究单位的亚文化进行评估，并预测可能会出现的问题。

变革团队决定举行一次为期一天的评估研讨会，并在研讨会中探讨4种亚文化之间的潜在冲突。变革团队认为，既然要处理的问题属于高层管理问题，那么主要邀请实验室和赞助商的高管人员来参与评估研讨会即可。因此，评估是变革团队与来自研究部门和行政部门的高级经理共同完成的。

团队访谈和个人访谈的分析表明，当地单位主要以项目的形式开展工作，并且每个项目都有来自某个特定政府机构或海军单位的资金赞助，赞助资金的来源并不是稳定单一的。因此，每个地方项目都在华盛顿总部安排了自己的行政人员，从而制定预算、与赞助商保持联系，并处理几乎所有可能出现的外部政治问题。

最初，美国海军研究实验室担心，由于地理位置，4个研究单位之间会存在潜在的冲突，而这些冲突最终会扩散到华盛顿，引起更大的冲突，但这完全是杞人忧天，因为新英格兰地区的4个研究单位一共开展了9个项目，而每个项目都具有垂直的管理结构，也就是说，每个项目分别在新英格兰地区和华盛顿两地都设有亚单位！

确保每个项目的顺利运行至关重要，于是各个项目的成员通过经常开会、保持沟通的方式，全部克服了地理因素的影响。以开展项目的工作方式和项目成员为基础，每个项目还发展出了各自的亚文化。这些项目之间确实存在亚文化差异，但因为它们在地理上是垂直整合的，所以没带来什么影响。针对潜在的文化冲突，4个亚单位已经形成了自己的解决方案，但直到评估研讨会召开之前，美国海军研究实验室的高管人员都还没意识到这一点。

上述案例让我们认识到，聚焦于文化，能揭示出组织中之前没人注意到或没人重视过的一些结构。当工作受到地理位置的影响时，每个项目团队其实都已经采取了有力的措施，降低了4种亚文化所造成的潜在负面影响。项目主管早已预料到这一点，于是通过创建基于项目的社会文化，来避免可能会在新英格兰地区或华盛顿实验室出现的冲突。评估结果表明，海军研究实验室应该保留这4种亚文化，而非整合它们。

在制订和推行文化变革计划时，最重要的是全面深入地分析整个体系中所有可能涉及的元素。我们在本章中已经针对这些元素展开了探讨，其中包括宏观文化、技术文化、社会文化、亚文化和微观文化。

在制订变革计划时，上述文化元素对确定组织变革的顺风和逆风的来源至关重要，同时也能不断提醒我们，由于文化元素之间始终都是相互关联的，所以总能产生或加快或阻碍变革进程的侧风。深入了解文化系统及其组成元素，以及文化元素之间的内在关联，是你要迈出的第一步，这将在本书第 3 章、第 4 章和第 5 章中做详细探讨。第二步是建立关系，只有建立良好的关系，才能知道如何更好地帮助变革目标、如何营造出一种自由开放的氛围，而只有在这种氛围中，变革目标才会坦率地告诉你，如果被迫进行变革，他们将如何抵抗。这些将在第 6 章及后续章节展开讨论。

The Corporate Culture Survival Guide
文化变革领导力清单

1. 重新认识领导力：
   ①领导力不仅意味着"具有更多的权力和责任"，而且更加意味着"采取更新颖、更优良的措施"；
   ②领导力即关系；
   ③管理不等于领导力。

2. 影响变革的 5 种文化元素：宏观文化、组织的技术文化、组织的社会文化、组织的亚文化和组织的微观文化。

3. 文化变革领导力可能至少需要建立第二级人际关系水平，即不论从纵向还是横向而言，组织成员之间都能保持开放和信任的关系。

THE CORPORATE CULTURE SURVIVAL GUIDE

第二部分

———

理解和评估企业文化

导读 THE CORPORATE CULTURE SURVIVAL GUIDE

观察文化可能是一件很困难的事，因为其中诸多因素是不可见的，且处于动态变化中。在之前撰写的书中，我们主要依靠学术结构模型来阐释文化，但该模型在制订和推行文化变革计划时可能会产生一些误导。因此在本书中，我们将以3种不同的方法来重新观察文化，以增强该模型的普适性。

第3章主要讨论，从一个组织选择向公众展示的内容中，外部人士能观察到什么、有何种感受并能从中推断出什么。在这个层面，我们可以了解到关于企业文化结构的很多内容，但无法观察到以内部员工的视角才能看见的深层次内容，我们称之为文化在日常实践中的体现。

第4章分析了内部员工的体验属于何种文化元素，并探讨内部员工或外部人士可能会通过提哪些问题来理解某些文化动力。

第5章重点解答，在何种程度上，内部视角只能通过民族志与观察研究法来解读，以及能否使用各种分析工具来衡量、评估文化元素。只有深入理解这3种方法，才能更好地制订和推行文化变革计划。并且在实际变革过程中，通常都需要借鉴每种方法中分析问题的不同方式。

第 3 章

外部视角下的文化结构

▶ 测一测你的文化变革领导力

1. 企业文化的 3 个层次是（　　）（多选）

   A. 亚文化　　　　B. 人工饰物
   C. 价值观念　　　D. 工会
   E. 基本假设　　　F. 文化融合

2. 对人工饰物层面的理解，下列说法正确的是（　　）

   A. 在这一层面，你可以真正理解为什么组织成员会以特定方式行事
   B. 在这一层面，你可以看懂为何每个组织会形成其特定的构建模式
   C. 在这一层面，你必须针对所观察到的事情、所产生的感觉，与内部员工交流，向他们提问

3. 在处理与文化相关的事宜时，切不可过度简化文化，并且要注意哪几个关键点（　　）（多选）

   A. 文化是深厚的
   B. 文化是广博的
   C. 文化是稳定的
   D. 文化是复杂的

第 3 章 ▶ 外部视角下的文化结构

在理解文化时,最危险的方式就是过分简化文化。内部员工很容易将企业文化说成是"我们这里做事的方式"、"我们公司的习惯和规矩"、"公司的氛围"、"奖励制度"和"我们的基本价值观"等。虽然它们都是文化的体现,但它们既非文化的全貌,又都没有说到文化的关键之处。

外部人士,或想要报道公司文化的记者,又或因得知公司"拥有优异的文化"而想加入公司但在此之前想要更深入了解公司文化的某个人,应当如何观察文化、如何发问呢?外部视角下的企业文化与内部视角下的企业文化有着极大不同。选择从何种视角来观察文化极为重要,描述文化层次的方式也会因视角的不同而存在差异。

文化的结构与实践

作为铺垫,你可以先来了解一下几位人类学家是如何尝试理解不同部落文化的。首先,来了解一下克利福德·格尔茨(Clifford Geertz)的观点:

"关键在于弄清楚他们①究竟认为他们在干什么……"

文化分析师一般是从外部观察某种文化的,而格尔茨提出的要求正是文化分析师必须面临的挑战。在假设观察者也是文化参与者之前,格尔茨提醒到,由于"他们"是研究的对象,所以至关重要的是"他们的理解",而不是研究者的理解。当客户邀请外部顾问去分析或帮忙解决和文化相关的问题时,外部顾问面临的也正是这种挑战。当组织中的一种亚文化受到来自另一种亚文化的措施、行为和决定的干扰时,这句话同样具有借鉴意义。不论文化、亚文化以及微观文化之间存在何种界限,只有"弄清楚他们究竟认为他们在干什么……"(理解他人的理解),才能带来积极的变革。

外部人士主要探寻组织的文化结构,而内部员工则忙于文化实践。也就是说,文化已经浸润到内部员工的生活和体验之中,他们甚至没有察觉到自己的行为在多大程度上受到了文化的影响,而自己的日常行为方式又在多大程度上影响了文化的演变,并最终改变了文化结构。

其次,来了解一个简单、微妙但又极具学术深奥性的观点,它来自马歇尔·萨林斯(Marshal Sahlins):

最大的挑战在于,不仅要知道文化是如何引发各种实践的,还要知道,在此过程中,各种实践又是如何反过来影响文化的。结构再现的产物是如何反过来彻底改变结构本身的?

---

① 这里的"他们"是指格尔茨研究的部落成员。在更大的范围中,"他们"指形成文化的人。——编者注

第 3 章 ▶ 外部视角下的文化结构

鉴于本书所探讨的内容,我们将"结构"简化成特指可以观察、解释和识别的文化结构,并将萨林斯所描述的"结构再现"视为现代工作环境;我们所说的"实践"则是组织内部为"再现文化和发展文化"所做出的努力,而萨林斯所说的"实践"被我们视为团队成员处理日常任务或尝试创新的实践。

萨林斯的描述使得相关问题变得更加深奥,但同时也能更加深刻地提醒人们,在尝试理解"他们的文化"和"我们的文化"时,应始终谨记"描述出的文化"和"体验到的文化"之间的区别:

> 因为习以为常的价值观和刻意树立的价值观之间存在不一致,所以产生了驱动力。历史过程其实是"结构的实践"与"实践的结构"之间连续不断的往复运动过程。

如果这段绕口令式的文字表述几乎让你头晕眼花、不知所云,那么你不妨回忆一下我们之前提到的海滩隐喻,并思考一下我们为何一直强调要从整体性的角度来探讨文化、变革和领导力。你可以将结构视为可以看到的海滩;将"刻意树立的价值观"视为变革的动力,即旨在改善实践的领导力浪潮(浪潮冲击海滩所造成的影响仅有一部分能观察到);然后再将"习以为常的价值观"视为遵循领导力与抵制变革之间的矛盾,即"这是一种更新、更优良的措施"和"因为我们一直以来都是用这种方法来完成工作的"两种想法之间的矛盾;冲刷和退浪就是实践和结构之间"连续不断的往复运动"。

为什么要强调结构和实践?因为思考清楚我们到底是在描述文化结构,还是在体验文化实践,是至关重要的。在第 2 章,我们提到了宏观文化、社会文化、技术文化和亚文化等多个文化元素，在本书的后面章节，我们还深入探讨了这些内容，这些文化元素同样适用于区分文化实践的不同层次，以及区分工作和日常生活中的文化。

三层次文化模型

在本章的其余部分，我们把重点放在了文化结构——三层次文化模型上，并利用这个模型来区分文化的各种结构元素。这个模型于《组织文化与领导力》一书中首次提出。前两层是外部人士可以轻易观察和体验到的，而我们之所以知道有第三层的存在，是因为我们自身的内部经验。即使可能无法直接观察到第三层，我们也知道它是存在的，这将有助于我们理解第一层和第二层之间出现的任何不一致。

- 第一层，人工饰物（Artifacts）——可见的结构和流程，可观察到的行为（但它们的真正内涵很难理解）。
- 第二层，价值观念（Espoused values）——理念、目标、抱负，意识形态和合理化。
- 第三层，基本假设〔Tacit（underlying）assumptions〕——被视为理所当然的、未察觉的信念和价值观（高度决定了人的行为、看法和感觉）。

对外部人士和内部员工而言，人工饰物是看得见、听得到、摸得着，或三维或二维的事物。就像生活中的大多数事物一样，企业文化的内容也具有虚拟或网络的表现形式，这些表现形式和建筑物的形状或墙的颜色一样，既是切实的，也是刻意的。

荷塘隐喻,捕捉文化三层次的结构属性

为了更加形象地描绘文化动态,我们在第 1 章引入了具有生成性的海滩隐喻。现在我们需要探讨结构和实践,以及从外部人士和内部员工的视角来评估文化等相关问题。我们发现,荷塘隐喻比冰山隐喻更加生动形象(如图 3-1 所示)。

图片来源:贾森·鲍斯(Jason Bowes)的作品,2017。

图 3-1 荷塘隐喻

荷塘隐喻可以更好地捕捉文化在这 3 个层次的结构属性。就像冰山隐喻一样,在荷塘隐喻中,水面以下也有着更加庞大的部分,尽管气候环境可能时常改变,但荷塘深层的水却是在以更加缓慢的速度发生变化。访客或外部人士能看到的人工饰物等同于露出水面的荷叶和荷花,有着独特的排列方式、颜色、品种和亚种。组织往往通过建筑物和场

地、广告产品、营销语言、公开的财务会计文件、着装要求等方面展示其人工饰物。

从"露出水面"的表象推断企业文化

一旦接触到第一层文化,你就可以立即感觉到不同组织的不同行事风格。银行、饭店、商店在面向客户时,展示出的行事风格各不相同,并且你在上述场所的大厅中可以观察到的互动水平也截然不同。如果你受邀进入这些场所的工作区域,你就会发现,有些企业在走廊的一端设有单独的办公室,并且总是大门紧闭,而在走廊的另一端则是一个大开间,或是连排办公桌,或是格子间,当然也并不总是这样。

作为客户或潜在员工,你可能喜欢也可能不喜欢你所观察到的这些表象,但切勿过早地判断这些表象之间的差异。可以肯定的是,不同的组织会以不同的方式展示自己,也会以不同的准则与其他组织或个人打交道。你还无法观察到并且因此无法真正理解的是,这些人工饰物到底意味着什么("他们认为他们在干什么")。

换句话说,在人工饰物层面,文化是非常清晰的,并且能给人的情感带来直接影响。但你无法真正理解为什么组织的成员会以特定方式行事,也无法看懂为何每个组织会形成特定的构建模式。仅仅参观一番,是无法真正理解各种组织行为在表象下的真实意义的。即使你所观察到的事物十分相似,你也无法判断它们是否具有同等含义,就如同埃及金字塔和玛雅金字塔那样。你必须针对所观察到的事情、所产生的感觉,与内部员工交流,向他们提问。

第 3 章 ▶ 外部视角下的文化结构

荷塘中引人注目的荷叶和荷花既是自然生长的结果，也是人类干预的产物。荷塘的产出大部分是自然产物，但也得益于农民为控制和改变荷塘的产量而付出的努力。农民对荷塘的评价体现了组织的价值观念，并且通常能直接反映组织创始人和现任领导者的价值观。因此，这些价值观念也逐渐成为外部人士能看到和听到的事物。

这些价值观念可能体现在组织的营销活动中，也可能体现在办公室墙壁上的励志海报中，但最重要的是，内部员工所表达的价值观念并不一定能真实反映组织的产品或社会文化的实际情况。从这个意义上讲，价值观念同样是一种人工饰物，但在这种情况下，它们是组织管理部门和以营销为目的亚文化的人工饰物。

虽然可以听到或看到的、能体现组织价值观念的事物，能让观察者更好地理解人工饰物与基本假设之间的内在联系，但通常，可以观察和体验到的人工饰物与价值观念所宣称的理念之间存在矛盾。

换句话说，这3个层次的文化并不总是统一的。可以观察到的行为、人工饰物（荷花的品质或花期）可能与管理人员对外宣称的产品质量（价值观念）不一致，这表明，之所以出现可以观察到的行为，是由于其背后有着更深层次的驱动力。这种不一致将在组织宣称要进行变革并迎来下一代荷花时最为明显。

如果观察者发现，农民对荷花的描述与实际开出的荷花之间存在差异，那么，双方都需要仔细检查一下水的情况、根系的情况以及种子类型。即使改变了荷塘表面已经盛开的荷花，也无法改变下一代将要盛开的荷花。如果农民想要改变荷花的颜色、形状或韧性，就必须潜入水底，去改变水质、根系的情况，改变代表最强大的文化力量的基因——习以为常的价值观。即便习以为常的价值观是一种隐藏的历史力量，也是如此。无论文化变革是不是从表面开始发起的，它都不可能只停留于表面而不动其根本。改变外在表现和描述会产生一定的影响，甚至可能发起变革过程所必需的步骤，但仅仅如此是无法改变深层的观念、信念和价值观的。

从对外宣传的信息推断企业文化

从组织的物理结构、建筑风格、办公室布局以及墙上的宣传画等中，我们可以得出很多结论。那么，从组织在各类文件或公告中的自我评价中，从农民关于荷塘的描述中，我们又能推断出些什么？

美国证券交易委员会（SEC）要求美国所有上市公司必须递交10-K报告（年度报表）。这些报告代表了组织最全面的公开信息，任何人都可以看到，但此类报告可能是企业最不常见或访问量最少的表现形式。这类对外的报告既具有公开性，又极具针对性。虽然撰写此类报告的目的是服从SEC的规定要求，而非开展自愿性营销或促销手段，但它们依然可能代表组织的人工饰物和价值观念。

这些报告通常并非由首席执行官和董事会编写，而是由法律和金融专业人士编写。但我们可以肯定地说，没有任何首席执行官或董事会会发布与他们所理解的公司技术文化相矛盾的年度报告，因为在他们看来，员工也会阅读这些文件。简而言之，阅读年度报告中的管理层陈述，能形成对组织的人工饰物最直观的印象，继而能对组织更深层次的

第 3 章 ▶ 外部视角下的文化结构

基本假设做出初步判断。

在接下来的内容中，我们研究了 Alphabet（谷歌母公司）、亚马逊、苹果和 Facebook 4 家企业的 2017 年 10-K 报告，目的在于强调即使在最简单的法定信息披露文件中，外部人士也能获得一些关于企业文化的信息。由于撰写报告的目的是服从相关法规，而不是给企业做宣传、招聘员工、推广业务等，因此 10-K 报告"项目 1"中的内容并非全部事实，但此类报告对了解企业文化而言极具启发性。在表 3-1 中，针对上述 4 家企业在 2017 年 10-K 报告"项目 1"中的内容，我们分别摘选了一些关键短语。

表 3-1　4 家企业 2017 年 10-K 报告"项目 1"中的描述

Alphabet	亚马逊
"……并非一家传统企业……致力于诸如用安卓重新思考移动设备生态系统，以及使用谷歌地图勾画世界……我们同样会对看起来投机性很强的领域进行小规模投资……"	"……开启了线上销售模式……企业于 1995 年 7 月成立。我们力求成为全世界最以客户为中心的公司……遵循以下 4 个原则：着眼于客户而非竞争对手，热衷于不断创新，致力于卓越优质的运营，放眼于长期的成长。"

苹果	Facebook
"本公司设计、制造和销售移动通信和媒体设备……产品包括 iPhone®、iPad®、Mac®、Apple Watch®、Apple TV®……线上平台包括 iTunes Store®、App Store®、Mac App Store、TV App Store、iBooks Store® 和 Apple Music®……公司致力于通过硬件、软件和服务的不断创新，带来最佳的用户体验。"	"我们的使命是……赋予人们创建社群的权力，让世界紧密相连……帮助人们发现并了解周围世界的动态，使人们能够分享自己的观点、想法、照片和视频……分享的对象不仅包括最亲密的朋友，而且可以面向所有人，不论你身在何处，都可以通过我们的产品与他人保持联系……"

在公开程度如此之高的文件中，Alphabet 开篇就指出自己"并非一家传统企业"，这会令人觉得困惑还是别有深意，抑或是两者兼有？Alphabet 旨在吸引还是"恐吓"潜在投资者？无论其目的如何，此类语言中的人工饰物都暗示了一种冒险、创新、不会回避高风险投资的企业技术文化，因为 Alphabet 知道，有些投资可能无法带来预期效果，但有些投资则可能改变一切。

当谷歌母公司调整企业架构并改名为 Alphabet 时，这个新名字就是一个非常直观形象的人工饰物，它本身就包含了企业所强调的所有文化内涵："Alpha"意为"占主导地位"，"bet"意为"不怕冒风险，乐于承担风险"。我们承认，这种解释有可能过度解读了名字的深意，因为这家企业之所以选择"Alphabet"而非"Google"作为重组后的控股公司的名字，原因肯定是多方面的。但不可否认的是，既然谷歌选择在其企业文化建立如此之久后，于 2015 年下半年以重组更名的方式将母公司公之于众，这个新名字所蕴含的企业文化不可谓不鲜明。不论是对公众还是员工而言，Alphabet 都拥有强化了的人工饰物。

在对 Alphabet 的 10-K 报告"项目 1：商业"进行更深入的研究后，我们就能发现 Alphabet 对企业文化的重视程度很高。该报告中第一句话就是"我们为自己的文化感到自豪"。总体而言，在"项目 1"中，"文化"一词一共出现了 7 次，其中有 6 次是指 Alphabet 的技术文化。

Facebook 的 10-K 报告中仅在谈及企业将无法维持既有的增长速度时提到过"文化"一次，指出企业文化对这种状况的产生起到了一定的作用。亚马逊在报告中提到"文化"两次，一次是："为最大限度地减缓固定成本的增长，我们致力于提高流程效率，并保持精益的企业文化。"此处"精益的企业文化"既是对亚马逊现有企业文化的颂扬，也是一句鼓励性的评论。换句话说，Alphabet 强调了企业文化的重要性，Facebook 承认了企业文化的影响，而亚马逊则暗示了企业文化与效率息息相关。与之形成鲜明对比的是，苹果在 10-K 报告"项目 1"中根本就没有使用"文化"一词。

亚马逊在报告中的措辞如此晦涩，又提到了"开启了线上销售模式"、"着眼于客户"以及"致力于卓越优质的运营"等，这是否会让人怀疑他们正在重塑零售文化？当亚马逊言及"放眼于长期的成长"时，我们能否将其解读为，亚马逊认为必须长期坚持利润率较低的分销业务，才能带来持续性的盈利？

在苹果公司的报告中，值得注意的是，开篇的几个描述性语句中包含了多种产品及其商标。在这段文字中，苹果公司没有给出空泛的企业信条，而是一一列出给公司创造了营收的实际商品。对金融界人士而言，苹果公司可能旨在提醒他们，重要的是产品本身，而不是那些社区、观点等看不见、摸不着的概念。在这种情况下，苹果公司实则"反其道而行之"，以一种极为巧妙的方式宣扬了他们最知名的理念——"用户体验至上"。这段陈述让人觉得，毫无疑问，苹果公司致力于旗下产品设备的不断创新，旨在为用户提供最优质的体验。

Facebook 作为 4 家企业中最年轻的，在报告开篇就展示了其"让世界紧密相连"的崇高理想。管理层的陈述反映出 Facebook 及其社区用户为他们在情感、精神、政治等方面所体验到的联系而感到兴奋。在"项目 1"后文的潜台词中，我们才得以知道，对 Facebook 而言，用户就是 Facebook 出售给广告商的产品。直至"项目 1"后面的内容，当管理层陈述提到Facebook如何与其他出售广告的企业竞争时，报告才提及Facebook实际上是如何赚钱的。Facebook以及许多同行企业一直在创建对用户免费的商业模式，那么为什么这份报告的开篇陈述中强调的是关于由联系带来的益处，而对其"眼球经济"（eyeballs business）的商业模式却一笔带过呢？要知道，在这种模式中，个人偏好、观点模式、受众特征、消费心理等都是企业推送高度针对性广告的基础。

在这份公开性极高的报告中，Facebook难道不想在管理层陈述中以开篇几句描述性短语宣扬其平台的惊人盈利能力吗？从财务层面来说，Facebook或许想这么做，但是，它的盈利能力绝非它想要展示的人工饰物。Facebook这份报告开篇的文化宣言、向大众宣扬的价值观念就是关于社区和联系的，而非关于Facebook通过日活用户获利的能力。

在此类公开的法定信息披露文件中，企业对自身整体性的描述，都是企业文化中的基本人工饰物。观察者能通过深入的定性分析或对话分析，得出关于企业更深层次的基本假设，而上述人工饰物与基本假设之间应趋于一致。如果存在不一致，那就意味着，企业所宣扬的企业文化不能反映出"荷塘里的种子以及底部根系"的真实情况。公开宣扬的内容可能与企业实际通过历史逐渐进化而成的企业文化基因之间存在差异。对外部人士来说，这就意味着，不能认为单凭分析人工饰物和价值观念就能揭示企业文化基因，而是必须做进一步的调查。

管理层财务亚文化有可能无法正确判断自身企业的技术文化基因。这虽然听起来不可思议，但在英国石油公司（British Petroleum，简称

BP公司）的安全丑闻和美国富国银行（WELLS FARGO）的财务丑闻[①]中，一些董事会成员和高管很可能就没有准确地意识到，围绕生产率和成本控制的企业技术文化基因将企业日常运转逐步推到了安全合法的范围之外。企业在完成10-K报告的同时，也能发现研究企业亚单位及其亚文化的必要性，从而制定出对策，因为"需要变革"的往往都是亚文化元素，而不是整个企业的文化基因。

社会文化能成为企业的价值观念吗

徽标、标牌、海报、广告牌以及其他公共场合的各种标志同样可以象征性地传达信息。麻省理工学院内的各种建筑物都是以数字作为代号的，校园内的标志相对较少，这就使得外来访客很难找到教室或房间。不论这种命名方式是不是故意设计的，我们都能体会到麻省理工学院对科学和量化的极度偏爱。斯坦福儿童医院在地板和墙壁上融入了动物和儿童喜爱且熟悉的图案，院方以这种方式向小患者表达，这是一所属于他们自己的医院。

符号也可能是微妙而隐晦的，例如Facebook的标牌。Facebook总部坐落在加利福尼亚州门洛帕克柳木街的尽头。在总部园区的主要公共入口处有一个双面的标志，访客在出入园区时会看到不同的标志。从园区前面进入的访客会看到熟悉的"点赞"图标，它表示欢迎。Facebook总部园区所在地曾经是太阳微系统（Sun Microsystems）公司总部，而

[①] 2015年，BP公司位于得克萨斯州的一处精炼厂发生爆炸，并造成人员伤亡，但BP公司长时间没有解决相关安全问题。富国银行曾在未经客户授权的情况下，开设了数量庞大的存款和信用卡账户，也曾因"交叉销售"陷入欺诈丑闻。——编者注

这家公司于 2010 年被甲骨文收购。有意思的地方就在于，Facebook 员工从后门离开园区时，是无法看到 Facebook 的"点赞"图标的，而是只能看到它背面古旧的太阳微系统公司标志！这个标志是一个简单的 45° 倾斜的方形，由"sun"这个单词从 4 个方向交错组成。在园区后门的员工通道入口处有一条玻璃过道，玻璃上也印有类似的太阳微系统公司标志。

Facebook 为什么没有将最显眼位置上的这些标志换掉？或许 Facebook 故意保留太阳微系统公司的标志，意味着在旧的人工饰物上创造出新的人工饰物，并且将此观念传递给员工，让他们每天都能看到。还有一种解释就是，Facebook 将这个旧标志作为一种"死亡警告"，因为 Facebook 最不愿意看到的就是，自身因为 IT 界和社交媒体界的剧烈变化而过时，就像太阳微系统公司的最终下场那样。对员工来说，Facebook 可能是以这种方式来暗示"我们应从太阳微系统公司的衰落中吸取教训，不能对自己的所作所为感到自满并止步不前，最终落得一个被其他大公司收购的下场"。这种分析听起来似乎挺有道理，就像其他传闻一样，也不全是空穴来风。

实际上，此类人工饰物及其背后的传闻，很容易引起过度解读。即便"不要变得自满"的确是 Facebook 试图向员工传递的信息，但太阳微系统公司的标志之所以没有被换，可能并非出于深层的文化意图，而仅仅是因为不方便、没来得及换而已。后来，园区后面入口处的玻璃过道变得更加现代化，而且抹去了原有的太阳微系统公司的标志，只有走到"点赞"标志背后，才看得到它。因此，另一种解释是，对园区翻新改造计划而言，方便性和经济性都非常重要，而这同样不失为一种向员工传递价值观并以此指导员工观念和态度的巧妙方式。总之，在认为自已理解了某组织的价值观念和基本假设之前,你最好尝试多角度、全方位地观察组织的人工饰物。

许多企业通过公开声明来宣传其社会文化和价值观念。2015 年,一家名为"财团"(Consortium Holdings)的公司给出了非常鲜明的示范,这家公司设在加利福尼亚圣迭戈,致力于打造以沟通交流为目的的餐饮场所,并称之为"项目"。这家公司在品牌联合推广中逐一列出了自身的价值观,呈现形式类似于人们在办公区常会看到的励志海报,而发表公开声明只是其品牌联合推广中的一环。这份公开声明是面向外部人士的,目的是向潜在客户介绍这家打造餐饮场所的公司所重视的价值观:"回收好主意"、"诚实第一,建立信任"、"随处开始"、"10 年以来,坚持完美"、"放慢脚步"、"建立私交,维护友谊",以及"我们一起努力,共建辉煌"。

这些都是财团公司在公开场合中做出的强有力的价值观声明。此类观点都十分流行、开明,与强调实验和创新的现代设计思维如出一辙。但同时,此类表述大都非常夸张,不能直接被视为企业的核心价值观。这就意味着,你所看到的、企业所宣传的甚至企业认为他们自己所相信的,可能并不能完全或准确地反映出企业深厚的历史文化基因。人工饰物就是你所观察到的事物,而价值观念则是企业对你观察到的事物给出的解释。即使企业似乎将深层的基本假设和价值观念以这种公开宣传的方式呈现在你面前,你也仍需进一步思考和确定其可靠性。

将"此类陈述源自企业的广告宣传标语"谨记在心,就能使你进一步深入思考财团公司自身究竟认为"他们在干什么"。人工饰物和价值观念都是你需要考虑的"数据点",但考虑的时候需要持保守态度。

共同的基本假设：了解文化基因

想要了解企业文化的最深层次，从历史的角度去思考你所观察的组织不失为一个良策。请思考一下，在整段企业历史中，创始人和主要领导者的哪些价值观念和基本假设是企业成功的基石？大多数企业刚开始都是由个人或一个小团队创建的，这些创始人会将自己的价值观念和基本假设传递、灌输给员工。如果创始人的价值观念和基本假设与企业的价值观念（宏观文化）格格不入，那么企业可能很快就会走向失败，当然也就无法发展出属于自己的文化。

举例来说，如果美国数字设备公司（Digital Equipment Corp）创始人肯·奥尔森（Ken Olsen）相信，想要做出明智的决策并将这些决策执行到位，那么人们需要对此开诚布公地讨论并达成一致意见，所有决策无一例外。奥尔森的这种看似不太合理的工作要求偏偏创造了一系列成功的产品，因此他将会吸引并留住和他持有相同理念的人——认同良好的决策源于开诚布公地讨论的人。如果通过这种工作方式，能够继续成功地给市场带来受众喜欢的产品和服务，那么这些价值观念将逐渐被企业内的员工分享、内化，成为企业习以为常的价值观念，或关于世界本质的以及如何在其中获得成功的基本假设。20世纪70年代，随着美国数字设备公司不断取得成功和发展，员工早已视这些基本假设为理所当然，不再探讨它们是否妥当。基本假设就是组织成员持有的最基础的价值观念，这可以说是毋庸置疑的。

在分析美国数字设备公司的企业文化时，你还可以观察到另外两个关键点。奥尔森是一名美国人，也是一名电气工程师，成长于麻省理工学院林肯实验室的学术环境中。他提出的许多价值观念和基本假设都反映了美国的价值观、公开辩论的学术规范,以及电气工程和计算机设计等技术的实际情况。因为没有人真正知道交互式计算具有何种可能性,所以,较之武断地做出决定,对此展开激烈的辩论当然是一种更好的解决问题的方法。对开发一项全新的技术而言,鼓励员工不断尝试和在内部竞争当然是妥当的。

企业诞生成长时所处的宏观文化背景,是企业文化中价值观念的根本驱动力。这些价值观念要么很快成为企业文化中的基本假设,要么就会成为企业创新和发展创造力的技术文化推动力,苹果公司就是一例。在苹果公司成立之初,还没有供消费者访问的万维网。内存和大容量存储器都十分昂贵,并且全球仅有几家工厂专门生产制造此类微电子设备。计算机的用户界面是针对计算机科学家设计的,而非针对普通消费者。这就导致苹果公司几乎毫无自由可言,换句话说就是,苹果公司进入这样一个刚刚诞生的科技领域,其试错余地很小。但在这种情况下,面对生产供应能力极其有限、消费者需求不明晰的大环境,苹果公司发展出了一种强调设计、制造、可用性和性能并以此获得高价位和利润的企业文化。

这种具有挑战性的宏观环境正好与Facebook成长的宏观环境形成了鲜明的对比。Facebook诞生时,不仅个人计算机和便携式电子设备随处可见,而且价格较便宜,它们不仅有着大容量内存,存储空间也几乎不受限制,并且全都是随着互联网的发展应运而生的。苹果公司早期面临的严峻挑战,对Facebook来说早就不存在了。如今,大多数人都可以随时随地地访问万维网的绝大部分网站。因此,在如今的宏观环境中,Facebook所面临的最大挑战充其量也只是互联网经济仍未得到证实而已。许多声名狼藉的网络公司均以经营失败而告终,这个事实向

Facebook 证明，在互联网上销售商品和服务并不是将现有公司改造为互联网公司就万事大吉了。

即使无处不在的宽带网络向所有人自由开放，也依然存在一个问题：是什么能使消费者自愿每天花数小时连接到网络呢？如今回顾起来，Facebook 面向用户免费的服务模式，似乎是互联网泡沫破裂后，新一代互联网公司年轻的创始人们极为自然的假设。这些假设包括谁将向公司付费、公司将如何产生利润，以及如何保持竞争差异等，此类假设是人们理解文化创造和演变的核心，并且与产生这些假设的历史背景息息相关。

文化的本质就是组织成员共同习得的价值观念，这些价值观念在它们应运而生的时代十分奏效，因此，即使随着时间的推移，人们可能也会将它们视为至理。这些假设通常都来自一个共同学习的过程。最初，只有创始人和领导者持有此类假设。只有当组织的新成员意识到创始人的价值观念和基本假设给组织带来了成功，并带领他们经历过无数商海起伏时，他们才会认为这些价值观念和基本假设必然是"正确"的，然后才会内化、分享，并视之为理所当然。

从隐喻的角度而言，在荷塘的水面之下，文化编织了一些组织成员共同的基本假设，当组织经历了历史背景、外部适应和内部整合等所带来的挑战之后，组织成员也就习得了这些共同的基本假设。如果组织在经营时采用的解决方案效果良好，组织成员就会视之为有效的方式，并不断传递给新加入的成员，告诉他们在面对类似挑战时，应以此类方式去感知、思考和感受。真正推动日常行为的是组织成员共同习得的基本假设，人们对现实的观点则是以此类基本假设为基础的。事实如此，也理应如此。

这就导致人们普遍认为，企业文化就是"我们这里做事的方式"。通常来说，在没有任何帮助的情况下，即使是组织内部员工，也无法描述清楚自身日常行为所依据的基本假设。他们只知道这就是组织内部做事的方式，并且相信其可靠性。如此一来，工作就变得有条不紊、极有意义。如果你已经深入理解了此类基本假设，很容易就能看出它们是如何产生你所观察到的人工饰物的。但是，如果反过来，就将是非常困难的，你不能仅通过观察组织的人工饰物，或听到组织所支持的价值观念来推断组织的基本假设。如果你想切实了解企业文化，就必须展开系统性的观察，并与内部员工交谈，这样才能一探其基本假设的究竟。

以外部人士的身份观察企业文化，客观描述经常很容易自然而然地就变成了主观判断。对于某些文化，人们很难不产生"很好"、"健康"、"比……更好"或者"有毒"、"有问题"等看法。但是现阶段，作为外部人士应谨记，从一个更广泛的集体意识的角度观察荷塘（文化）时，文化既没有对错之别，也没有高下之分。重要的是，如何看待文化与组织正在尝试做的事情之间的关系，以及文化与组织大环境之间的关系。

在畅销书中，常常会有类似"建立凝聚力和战斗力更强的团队""创造一个学习型的组织""赋予员工更多权力"的表述，这类建议一般都是空泛无效的，除非这些书中还讲授了如何将这些"新颖的价值观"融入组织大环境中。对某些市场和采用某些技术而言，团队合作和员工授权确实是至关重要的，并且是组织获得成功的唯一途径。但在其他市场环境或采用其他技术的情况下，可能团队之间的激烈竞争或严格的纪律和高度结构化的关系才是成功的先决条件。因此，没有放之四海而皆准的最佳文化，而且，如果你对所观察的企业文化有了主观判断，不论是赞成还是反对，都有可能会妨碍你对它的进一步理解。

荷塘隐喻清楚地表明，在基因层面，文化是一组基本假设，这些基本假设在不同程度上相互关联。由于种子的潜力、土壤的质量、水中的矿物质、农民使用的肥料等相互作用，所以生长出了特殊的荷花。寻找一两个关键的基本假设，然后就断言企业文化建立在此基础上，就像直接将苹果公司的企业文化称为"硬件文化"，或将亚马逊的企业文化称为"分销文化"那样，这当然方便省事，但太以偏概全了。

如果在单个基本假设的基础上，直接给企业贴上某个抽象标签、判定其文化类型，则很容易忽略对理解文化来说同样重要的其他维度。企业文化包括技术文化、社会文化、亚文化等多个维度，评估企业文化的一致性和整体性时，文化的多维性就变得尤为重要。当某种文化元素出现失调并需要开展变革时，你必须了解应如何保留其他运作良好的文化元素，以及如何利用这些文化元素来促进变革过程。

评价企业文化时要注意的 3 个关键点

在处理与文化相关的事宜时，切不可过度简化文化，并且要注意以下 3 个关键点。

文化是深厚的。如果你认为文化只是一种表面现象，没有深厚的底蕴，并且可以随意操纵和变革，那么收效甚微的变革结果可能会令你大失所望。如果你是观察某企业文化的外部人士，请记住一点：从短期来看，文化对内部员工的影响远比内部员工对文化的影响要大。

文化是广博的。当一个团体在周遭环境中谋求生存时，团体成员会深入了解团体外部关系和内部关系的各个方面，从而获得各种信念和基本假设，包括：日常工作生活、如何与上司相处、应该对客户持有什么样的态度、个人在组织中所担当职位的性质、取得成功所需要的条件、不容置疑的制度等。此类信念和基本假设都处于持续或者缓慢发展、不断进化的状态。因此，尤其对外部人士来说，解读企业文化本身可能就是一项无休止的任务。外部人士要做的就是，找准一个自己理解得非常透彻的切入点，可以是人工饰物，也可以是价值观念，然后以此为突破，着手推行变革。干预能带来变革，但以过度分析的形式进行的干预则可能会给变革带来阻力。

文化是稳定的。团队内的成员会希望能坚持他们的文化假设，因为文化给他们带来工作的意义，使他们的工作、生活有条不紊。一般来说，人们都不喜欢混乱、不可预测的状态，并通常会努力使这种状态稳定下来、回归"正常"。如果你试图针对组织的某些文化元素开展变革，就必须认识到：你要应对的是组织中最稳定的根基部分。推行文化变革远比重设目标和关键结果（Objective and Key Result，OKR）要复杂得多。

The Corporate Culture Survival Guide
文化变革领导力清单

1. 文化的结构指可以观察、解释和识别的文化结构；文化的实践指组织内部为"再现文化和发展文化"所做出的努力。
2. 三层次文化模型：人工饰物、价值观念和基本假设。

3. 用荷塘隐喻推断企业文化的两种方法：从"露出水面"的表象推断企业文化；从对外宣传的信息推断企业文化。

4. 在处理与文化相关的事宜时，切不可过度简化文化，并且要注意以下 3 个关键点：文化是深厚的，文化是广博的，文化是稳定的。

第 4 章

内部视角下的文化实践

▶ 测一测你的文化变革领导力

1. 文化实践有3种归类方式，分别是（　　）（多选）

    A. 按照技术系统归类
    B. 按照社会系统归类
    C. 按照宏观系统归类
    D. 按照微观文化归类

2. 对文化和氛围的定义，理解正确的是（　　）（多选）

    A. 文化是深层的结构，氛围是易变的实践
    B. 文化变革是文化与氛围之间的往复运动
    C. 氛围是指组织给人的整体感受、员工的士气，以及组织成员之间的融洽度

3. 如何识别文化元素？（　　）

    A. 通过提问
    B. 通过调查
    C. 通过实践

第 4 章 ▶ 内部视角下的文化实践

企业文化的 3 个维度

在第 3 章中，我们探讨了可以看到的、可以听见的以及其他无形的文化元素，此类文化元素能使外部人士窥探组织内部的文化结构。在本章中，我们以内部员工的视角来探讨"他们认为他们在干什么……"，我们也可称之为文化实践。前文多次用到海浪和海滩的隐喻，本章仍将继续，但我们会将重点放在"浪尖的冲击"或"海浪的冲刷"上，其中包括：对于由新思想和新方法等顺风所驱动的变革领导力以及变革的退浪，个人和团体将采取何种行动，他们又为何采取这些行动；个人和团体的反应，即他们对领导者变革意图的促进或阻碍行为，是如何受希望保持原样不变的逆风所影响的。在本章中，我们将重点探讨强化组织常规运作模式的实践，以及促进或阻碍领导者变革意图的实践。

通过这种方式，你就能了解为什么人们总是混淆文化和氛围两个概念了，氛围通常指组织给人的整体感受、员工的士气，以及组织成员之间的融洽度。"实践的结构"即企业习以为常的价值观，代表着企业深层的、代代相传的、历史的文化维度；而"结构的实践"则更多地体现了企业当下的氛围，以及企业内部员工对工作环境的喜恶态度。无论是分析文化还是分析氛围，这两个概念都没有实物形态可供辨认，但它们指代的地点和时间却截然不同。我们认为，文化是深层的结构，而氛围是易变的实践，文化变革则是上述两者之间的往复运动，即随着海浪持续不断地拍打在海滩上，结构和实践不断得到巩固和变革。

人们总是倾向于以描述性主题词将日常工作体验分门别类，例如"命令与控制""专制与民主"等。基于此类流行观点，人们不仅采用了文化分类法，而且就此探讨了文化的社会性和一致性，或者内部重心与外部重心，以及灵活性与稳定性、控制性等层面。然而，几乎所有文化类别与旨在测量文化基本维度的问卷都只涉及社会文化层面，只探讨了组织内部人际关系的某些方面，因此，这些文化类别只能反映出一种时代精神、一种外部社会生活的基调和概貌，即宏观文化。

人们在提出文化变革时，也几乎总是与社会文化息息相关，包括加强团队合作、改善协作状况、提高员工参与度和敬业度、减少组织的监管层、加强和改善横向沟通、建立和培养员工忠诚度、赋予员工更多权力、更以客户为导向等，不一而足。

这些文化观点并非不正确，但却是狭隘的，因为它们没有考虑到技术文化，即工作、使命、策略和架构的性质。组织中和文化相关的基本假设的确会受到组织内部成员之间人际关系的影响，但是，这种人际关系只是文化所涵盖内容的一小部分，只是文化诸多形成方式中的一种。

如果文化变革计划只以"员工目前对组织运作的看法"和"员工对组织能以何种方式运作的期待"之间的差异为重心，而不考虑深植于组织使命和技术中的技术文化元素，不考虑日常运作中很难引起人们注意或思考的文化元素，就很可能会走向失败。

我们在探讨企业文化的内部观点时，曾将这些观点概括为外部生存问题、内部整合问题和深层次的基本假设等主要维度。虽然在描述文化内容的类别时，采用此类术语仍不失为一个好方法，但我们希望能扩大此类术语的使用范围，从而反映出组织成员在工作中所拥有的更加复杂、更加细微的体验。

无论乐意与否，人们的工作和生活都越来越紧密相连。如今广泛覆盖的高速无线网络与功能强大且越来越智能化的电子设备，使人们随时随地都能切换成工作状态。随着社交媒体的不断发展与普及，人们的各种看法，包括社会观点和专业见解，也正在不断融合。

如果将 Facebook、Instagram、Pinterest 等作为"个人"社交网络，而将领英等作为"专业"社交网络，那么如今它们之间的界限也越来越模糊了。由于这些社交网络服务商恨不得用户一天 24 小时都在线，所以他们断然不会愿意用户将"个人"社交网络和"专业"社交网络明显地区分开来。因此，我们也就没有理由相信，如今年轻的"专业"人士们，比如年龄介于 22～30 岁的人，会根据一天中的时间和位置，即是否在上班时间和是否在办公室，来限制自己在这些社交网络上的互动。

基于此，我们将从组织中的领导者、团体、变革推动者的视角来探讨拓宽文化实践的类别，而不再延续过去较为空泛的描述。在谈及组织的外部生存问题时，我们将切实讨论到战略系统、结构系统和激励系统的各种技术维度，此类系统均具有极强的可塑性和可操作性，因此与企业文化的发展和演变密不可分，但此类系统通常会被人们视为短期的文化产物。组织为了应对外部生存问题，需要不断学习，于是便形成了组织的技术文化。

内部整合问题包括人们如何描述自己、团队、目标等，是人们在工作场合中的社会结构和社会背景。人们与同事的相处之道、处理上下级关系和亲密关系的惯用方式，共同形成了组织的社会文化。

最后，当我们探讨深层次的基本假设时，必然会和宏观文化在多个层面重叠。因为它们不仅存在于组织运作时所处的经济、政治、文化环境中，而且构成了每名员工带入工作并视为理所当然的个人文化元素和大众文化元素。而这些宏观文化元素可能包含多种深层次的基本假设，它们源于种族、国籍、家庭经历、个人经历、所属年龄层或群组、性别认同、教育背景、培训、职业文化等。

在反思企业文化时，关键是要从自己的角度或组织本身的角度形成对此类宏观文化元素的看法。与所属年龄层或群组的文化及职业文化相比，民族文化是否更加强大？简言之，要深入了解每个组织的文化实践在这些层面的独特构成是非常困难的，但也是极为有益的。

The Corporate Culture Survival Guide
文化变革领导力实践

案例 1　开展变革之前要先进行文化评估

一家大型保险公司聘任了一位新首席执行官。他分析了不断变化的宏观文化后得出结论：公司的主要问题是缺乏创新。于是，他推行了多个技术文化变革计划和社会文化变革计划，旨在提高公司整体的创新能力，但这些计划无不以失败告终。

于是，公司又展开了一系列员工焦点小组访谈，来分析失败的原因。在回顾公司的历史时，他们发现，过去的成功建立在结构极为严谨的技术系统基础上。这个技术系统的运作模式是：对于任何给定的问题，找出最佳解决方案，并记录下来纳入大型指导手册中，内容囊括组织中可能出现的所有问题，并将问题分门别类；公司还会制定出一套奖励系统来奖励按照指导手册开展工作的员工。如此一来，便将社会文化与技术文化牢牢地联系在了一起。

多年以来，员工已经知道，成功之路就是遵守手册上的操作规则。为了适应公司不断面临的新情况，指导手册的内容也在不断增加。这是一种受规则约束的结构化工作环境，那些不喜欢这种环境的员工纷纷离开了公司，留下来的全都是乐意遵守规则、乐意在结构化环境中工作的员工。上一任首席执行官对这种工作模式褒奖有加，而这种工作模式也确实在公司建立之初功不可没。随着时间的推移，员工逐渐认为最好的工作方式就是遵循手册中的规则，并视之为理所当然。于是，技术文化和社会文化也就高度地融合在了一起。

新任首席执行官看到公司处于不断变化的环境中，并意识到公司可能会面临许多无法事先编入指导手册的新情况。面对动荡的环境，员工必须学会自己思考。然而，他为奖励创新而采取的各项措施，比如设置建议箱、创意奖等，全都收效甚微。

他没有意识到，整个组织是基于一个基本假设建立的，这个基本假设即"正确的做事方式"就是遵守规则。随着时间的推移，由于这个基本假设十分奏效，所以它已经深深地嵌入组织的各个层级，成为所有管理层和员工共同遵循的理念。这个基本假设同样是公司运作方式的基础，是公司招募员工、奖励员工和提拔员工的基础。

这家公司要想改变工作方式，就需要对所有文化元素重新进行全面的评估，从而确定哪些文化元素依然有效，哪些文化元素已然失效。如果这位首席执行官意识到了深层次的文化元素，或许他可以制定一条新规则："每个月，每个部门都必须提出3种新的工作方式，并将新方式编入手册！"那么，这种方法能行得通吗？短期内可能没有太大效果，但这不失为一个好的开端。

亚单位和亚文化

在整个组织的可观察和可识别的文化层次内，我们通常会发现，亚单位在组织内部的成长基础是共同的职能、地域区隔、特定的职业或专业知识，以及相对稳定的成员构成。经过一段时间，亚单位便会在组织中更大的文化范围内发展出亚文化。

不断变化的文化这一现实将使人们认识到，从内部员工的经历中滋生的文化，不仅与组织整体的技术文化和社会文化有关，而且与各个部门的成员构成、地域构成、特别任务团队、各个项目以及组织层级等因素有关。除了尚未形成亚单位的小公司或年轻的初创企业之外，一般来说，组织内部的员工都会属于各个不同的亚单位，我们称之为微观系统，这些亚单位需要处理自己独立的任务，因此随着时间的推移，便发展出了自己的亚文化。

大型组织可能在创建文化结构时仅考虑了整体的技术文化，而没能考虑到这些结构将如何形成亚单位，继而在亚单位中形成一些全新的亚文化，并由此引发文化冲突。下面，来看3个相关案例。

The Corporate Culture Survival Guide
文化变革领导力实践

案例2 跨国公司的亚文化冲突

汽巴-嘉基公司（Ciba-Geigy）的总部设于瑞士巴塞尔，公司大部分药物都在此研发。公司在美国新泽西州有一家大型子公司，子公司同样进行药物的研发和试验。当公司研发出的药物进入正式试验阶段时，针对开展试验的正确规范，两地的实验室之间产生了冲突。美国子公司的实验室按照美国食品药品监督管理局所规定的程序进行了试验，并认为这些程序比欧洲总部所遵循的试验程序要严谨得多。因此，他们认为，所有通过了欧洲总部实验室试验的药物，都必须由他们重新试验。不用说，这些看法不仅引起了双方之间的不信任，而且导致了药物开发上大量人力、财力的浪费。

这个例子表明，处于不同地域的亚单位将不可避免地围绕它所处的宏观文化中的价值观、规范和常规流程等发展出自己的亚文化。在这个例子中，是欧洲总部与美国子公司的文化冲突。

类似的文化冲突问题还发生在美国数字设备公司，当这家公司开始在欧洲销售计算机时，他们发现，德国子公司并不接受美国母公司设计、研发的台式机键盘。于是，德国子公司向母公司力争设计和制造键盘的权限，在经过多次冲突和谈判之后，子公司成功地培养出设计和制造键盘的能力。

The Corporate Culture Survival Guide
文化变革领导力实践

案例3　社会文化层面的亚文化冲突

美国壳牌石油公司想针对他们对勘探和生产部门的绩效评估方式进行一次审查，于是邀请埃德加·沙因与该部门12位最高管理层人员合作，一起商讨如何考察他们的文化，并优化之前的绩效评估方式。

通过圆桌会议，这支审查任务团队回顾了勘探和生产部门的主要任务，以及该部门认为自己在母公司中具有哪些独特的亚文化特征。经过讨论，任务团队很快发现，勘探任务所采用的技术与生产任务所采用的技术有很大不同。勘探任务是寻找石油聚集的地点，而生产任务则是通过油井安全地开采石油。任务团队继而发现，在勘探和生产部门的亚文化中又形成了两种亚文化，并且对各自的工作任务以及各自绩效的评估和奖励措施，这两种亚文化均持有完全不同的观点。

勘探团队的工作环境相对风险较低，由于发现油田的频率非常低，所以员工的安全问题并不大。因此，他们希望绩效评估的周期足够长，能够将发现油田的频率因素考虑在内。生产团队非

第 4 章 ▶ 内部视角下的文化实践

常担心安全问题,因为在开采石油时,不论是对他们自身,还是对环境而言,都具有相当高的危险性。就在这次审查的几年后,英国石油公司的一个外海钻油平台就因故障而发生了爆炸。因此,生产部门想要一个详细且即时更新的评估系统,能够充分体现他们实际开采石油时所冒的巨大风险。

尽管在公司的技术文化中,将勘探和生产部门合并为一个团队是合理的,但这个团队本身也意识到,因为工种的不同,团队内的社会文化中形成了两种完全不同的观点和关注点,因此任务团队需要针对这两个独立的微观系统,分别创建出不同的绩效评估体系。

上述经验清楚表明,这些员工日常工作中的文化取决于其实际工作细节与团队的成员构成,而不是壳牌石油公司的整体企业文化。

―――――― The Corporate Culture Survival Guide ――――――
文化变革领导力实践

案例 4　文化变革往往始于微观群体层

一家大型银行的国际部门雇用了十几个职员来经营全球业务。每个职员都需要对接和负责一组国际客户,于是他们将这些国际客户的信息都存放在办公桌上的文件夹中。这些职员的团队负责人卡尔意识到,如果所有的客户信息都能存储在大屏台式计算机中,那么将会大大提升这些职员的工作效率,因为这样他们便可以一次性在屏幕上显示多个客户信息,而不必同时翻找多个文件夹。

卡尔向IT部门验证了这一想法的可行性，随后他获得批准，聘请了一名短期培训师来开展培训，指导职员操作大屏台式计算机。随后，卡尔发现这些职员的积极性很低，因为他们担心，如此一来，这份工作所需要的职员人数就会大大减少，而他们之中有些人就必然会面临被解雇的境地。

上司告诉卡尔，除非能给那些即将面临被解雇危机的职员安排有可比性的岗位，否则，他将不会同意使用新系统。于是，该优化项目就这样被叫停了。直到卡尔的上司退休之后，卡尔才发现，不解雇并非银行所制定的政策，而是源自他上司的价值观！也就是说，微观系统的价值观制约了变革。现如今，优化项目又被重新提上日程。

在培训期间，IT顾问发现，从使用一堆文件夹查找客户信息转换到使用计算机查找时，一些职员如鱼得水。对于新的工作模式，他们很快就上手并成了"超级职员"。这样一来，只需要为数不多的几名"超级职员"，就能胜任之前整个团队的全部工作。因此，还需要针对剩下一部分变得多余的职员重新制订一个计划，为他们寻找替代性的工作。

在制订这些计划时，出现了一个问题：如今"超级职员"们肩负着更多的任务，那么如何给他们加薪呢？又该如何给他们升职呢？是否该针对他们制定某种晋升制度？于是，银行的人事部门也介入其中，考察了这一情况，随后拒绝了制定任何晋升制度的提议，因为一旦为"超级职员"的岗位制定了晋升制度，必将引申触类，即同样需要为其他岗位制定类似晋升制度。对于能胜任新工作方式的职员，可以予以适当加薪，但是不会为他们制定特殊的晋升制度，这同样是微观系统的力量。

同时，由于对这个岗位上的每个职员都进行了培训，这就导致一些人发现自己能胜任更复杂、更高级的工作而纷纷跳槽离开了银行。但大部分原岗位上的职员依然选择留在银行，这就意味着整个团队的工作效率并没有得到提升。实际上，针对团队对新系统的使用情况，通过一段时间的观察发现，这些职员如今会根据个人喜好和风格同时使用新系统和原来的文件夹！整个优化项目带来一个深刻的教训，即银行整体的企业文化对优化项目的影响要远远小于卡尔、IT部门和人力资源部门三方之间的文化冲突对其影响。具体而言，卡尔作为团队负责人，其目标在于减少浪费、降低办公成本；IT部门的目标在于优化办公系统、培训出更多能采用现代化IT工具的更高效的"超级职员"；而人力资源部门的目标则在于尽可能维持现有的标准化晋升制度不变，因为在他们看来，维持现有制度对整体效率而言已是最佳方案。

如今回顾起来，我们发现很有趣的一点在于，对于这些在亚单位和亚文化之间已经发生了的冲突，作为另一个亚单位存在的银行领导阶层甚至一无所知。因此，在这里我们想要强调的是，文化变革通常会在亚单位和微观群体层面开始发展推行，或取得了成功，或走向了失败，而自始至终，领导层可能对此毫不知情！

企业内部员工的文化实践具有社会-技术性

社会-技术系统观点认为，组织内部员工的文化实践具有社会-技术性。在关于组织发展和组织设计的早期思想史中，人们认为组织是一种社会-技术系统，这个观点最早于1963年由英国塔维斯特克人际关系研究所的埃里克·特里斯特提出。这个观点至今仍是正确的，但是由它指导的组织管理原则的重心却经常出现波动：有时偏向于强调技术实践的重要性，当组织致力于在优化和发展之间获取平衡时，技术实践具有核心地位；有时偏向于强调社会实践；有时意识到亚文化实践对社会-技术系统的推动作用远大于整体的企业文化。

我们认为，如今的时代精神所强调的是，组织中的人际互动和人际关系具有核心地位，即社会关系、人们的实践在企业文化中具有重要地位。如今，有许多新的软件工具和技术服务能为组织提供非常有效的方式，来衡量和评估组织中的各种人类行为。由于技术系统的发展速度可能还会加快，所以我们必须清楚地认识到，文化始终会存在于社会层面和技术层面；还需要认识到，这两种力量的相互作用对推行组织变革有着至关重要的影响。

在制订任何变革或改进计划时，都必须事先分析出有哪些文化元素将推进或阻碍变革进程；还必须将文化实践按照技术系统、社会系统和亚文化等归类，并深入理解组织周围生态系统中的宏观文化实践元素，这两点十分关键。在文化变革项目中，因变革目标不同，文化实践的归类方式也会相应地发生变化，在表4-1中，我们对此进行了总结。

表 4-1 文化实践的 3 种归类方式

按照技术系统归类	使命：对核心使命、意义或主要任务达成共识
	目标：在完成使命的过程中，对主要目标达成共识
	方式：在结构、分工、奖励制度和权力结构等方面达成共识
	衡量标准：对团体是否完成预期目标所采用的评估标准达成共识（衡量指标、信息共享、衡量工具）
	纠正和修复：如果未达成预期目标，就对纠正和修复策略达成共识
按照社会系统归类	语言：通用话术，"我们公司称之为……"
	团队的身份和界限：在接纳或排斥组员的标准上达成共识
	权力：在权力集中和分配、职位级别、地位等方面达成共识；在自我管理程度、自治程度和权力共享程度上达成共识
	信任度和开放性：在与他人（上下级之间、平级之间）的相处之道上拥有共同规范
	奖惩措施：在薪酬变化、特别奖金、晋升或降职的标准规范和奖惩原因上达成共识
按照宏观系统归类	关于历史和全球背景的信念
	关于自然和环境背景的信念
	关于现实、真理、精神性的信念
	关于人际关系、伦理、民主、平等公正、行为规范的信念
	关于时间和空间（时效性、个人空间）的信念（或规范）
	对不可知和不可控事物的态度（风险、决定论、宿命论）

即便是在外部人士能查阅的一些正式文件（如 10-K 报告）中，许多此类文化元素也是不可见的，甚至对内部员工而言也是如此。因此，要想知道组织成员如何看待自己组织的文化，就必须询问相关内部员工，并将获得的信息交叉核对以确定各员工看法之间的吻合程度。正如一些文化分析师所观察到的那样，如果员工的看法之间存在分歧，就意

味着组织内部形成了潜在的亚文化，或组织的文化元素出现了割裂。

你或许可以利用表 4-2 中的问题对此类文化元素进行归类。在每个类别中，我们分别给出了一系列问题，在实践运用中，这些问题将会引申到让你百思不得其解的其他问题上去。不论你是内部员工，还是想要搞清楚"他们认为他们在干什么"的外部人士，都可以记住一个诀窍——令人费解之处通常就是提问题的最佳切入点。

用全局眼光看待所有文化元素

当你思考表 4-2 中的这一长串问题时，应该时刻谨记，这些问题都与整个社会 - 技术系统中的文化元素和亚文化相关。标签和口号对你来说可能没有太大的参考价值，要想切实地理解文化实践，就必须以全局的眼光看待所有文化元素，并了解清楚它们之间的相互联系。当你获得了诸如此类问题的答案之后，就意味着，你已经在某种程度上理解了公司的文化实践，并可能发现了某些突出的亚文化变体。

但是，即使已经足够深入地了解了你所在组织的部分文化元素和亚文化，你也仍需谨记，你自身和你所在的组织都处在一个更加庞大的宏观文化之中，因此，所有基本假设的形成都离不开宏观文化中更基本的问题，如时间、空间、现实和人性等问题。

组织如何整合技术文化元素和社会文化元素，与宏观文化中的基本假设息息相关、相互影响。尤其是当组织走向全球化，并需要与其他国家的合作伙伴或子公司合作时，宏观文化所产生的影响将更加明显。

表 4-2　深入了解文化元素的相关问题

技术（策略）文化元素	我们为什么在这里，我们的目的是什么，我们正在努力追求什么结果？是什么证明了我们的存在？
	我们将如何管理流程、推动发展？我们将使用何种工具和程序来完成工作？
	我们将如何衡量表现？如何判断成败？
社会（关系）文化元素	我们将用怎样的措辞来形容自己是谁？我们在招聘员工时，看重的是什么？我们将如何着装、如何展现自己？
	组织成员是否佩戴徽章或标牌？如果有外部人士，能立即引起他们的注意吗？外部人士首次来访时会注意到什么？徽章或标牌能体现佩戴者的职位级别吗？
	组织内有等级制度吗？如果有，那么有多森严？在跨级别的交流互动中，有哪些需要遵守的规则？例如，当营销经理打断工程部副总裁的讲话或反对其意见时，会有什么后果？
	奖励措施是怎样的？评估绩效时，主要衡量哪些成果？奖励是基于个人、小团体还是团队？如何确定组织成员的身份地位，是根据其职位级别、在组织内的时间长短、取得的成就等，还是根据类似关键路径的方法？身份地位是空有头衔，还是名副其实、任务繁重？
宏观（历史）文化元素	除了忠于组织，组织成员还忠于什么？是忠于国家、种族身份、职业身份吗？例如，"我们的产品永远将顾客需求放在第一位"或"我们将通过开发更优质的软件使互联网更加安全"等。我们是否知道我们存在的目的究竟是什么？是否知道前面所提到的使命和目标究竟是什么？"
	我们认为改善地球、自然和环境是我们的责任吗？在我们看来，对自然的影响和支配与产品创新和增加利润相比，究竟孰轻孰重？
	除了现实的目标，我们是否还追求更加伟大而崇高的目标？
	我们是否宣扬个人权利和自由、竞争、责任感和自决权的重要性？我们是否鼓励协作、团队合作、集体成果和论功行赏？我们提倡的是建立深入的个人关系，还是保持专业距离和基于岗位角色的互动？
	员工何时会待在办公室、何时会出现在工作场所？下班之后会继续通过远程连接加班到多晚？如果在下班时间、周末或在娱乐或休闲场所时却必须去加班，员工的态度将如何？
	对于市场、客户和机会，我们是否做了尽可能详细的分析？我们所有的决策都基于有根据的推测和计算吗？我们倾向于规避风险吗？我们是否假定市场和机会总在变动，因此在做决策时，既会奖励大胆实验，也会奖励仔细分析？

如果你是一名内部员工，那么对于组织中正在发生的事情，你现在已经开始能了解其背后的原因了，甚至对于之前你所经历过却不知所以的事情，如今也可能开始有了进一步的理解。

如果你是一名外部人士，那么你已经开始理解文化的某些元素，但是你的理解水平永远也无法达到内部员工的水平，因为他们是企业文化的体验者和实践者。

如果你是一名变革领导者，无论是来自组织内部还是来自组织外部，你现在应该了解了为什么文化变革会涉及所有级别的内部员工，而且要想让员工理解变革，从而使变革得以顺利推行和实施，那么首先对内部员工而言，这些变革计划是需要具有意义的。

The Corporate Culture Survival Guide
文化变革领导力清单

1. 文化结构与文化实践之间的关系：文化是深层的结构，而氛围是易变的实践，文化变革则是上述两者之间的往复运动，即随着海浪持续不断地拍打在海滩上，结构和实践不断得到巩固和变革。
2. 企业文化的3个维度：外部生存问题、内部整合问题和深层次的基本假设。
3. 文化实践的3种归类方式：按照技术系统归类，按照社会系统归类，按照宏观系统归类。
4. 对推行组织变革有着重要影响的两种文化元素：社会文化和技术文化。

第5章

如何进行文化评估

▶ 测一测你的文化变革领导力

1. 我们应从哪种视角出发,来开展文化评估?(　　)

    A. 外部人士的客观角度
    B. 内部人士的实践视角
    C. 文化分析专家的视角

2. 关于文化评估,下列说法正确的是(　　)

    A. 文化评估要避免采用类型学
    B. 文化评估只需利用调查法展开问卷调查就能获得充足的信息
    C. 文化评估既需要定量评估,也需要与组织内的个人和团体进行对话评估

3. 以下哪一项不能用于评估企业文化(　　)

    A. 类型学
    B. 认清文化的概念和层次
    C. 调查法

第 5 章　如何进行文化评估

在整段人类历史中，人们一直致力于创建类型学和文化原型。在过去的 75 年里，人们也一直试图通过各种统计方法来评估文化，并试图创建文化类型。多年来，各种关于企业文化评估和分类的尝试告诉我们，一定不能过分简化文化。显然，类型学以及在分类时所采用的评估工具，都对分析文化和制订变革计划做出了十分重要的贡献，但仅靠它们来研究文化是远远不够的，并且可能具有很强的误导性。

在本章中，我们对某企业的文化进行了调查、归类，以此研究采纳这种做法或尽量避免这种做法的利弊。我们先对结论做一个预测：调查法和类型学在变革计划中能起到一定作用的关键在于，我们需要知道在持续的变革中，什么时候使用以及如何使用此类工具。

文化评估模型

人力资源领域和组织发展领域的许多读者很可能都有过这种经历：企业的高管人员直接宣布，部分工作无法顺利推进，需要评估企业文化,进而"调整我们的文化",或者"创造一种……的文化"。于是,你可能在随处可见的广告中挑选了一个文化评估工具,开始了文化调查,其中可能包括极为详尽的调查问卷,也可能是能快速答完的小问卷。如果你已经有过类似尝试,那么说明你或许已经接触过关于文化评估的基本问题了。不论你是否有过类似经历,我们都希望本章能为你提供一些新的观点,并让你进一步掌握,对变革计划而言有效的评估具有哪些要点。

无论你是来自第三方的文化顾问,还是负责评估本组织中文化的内部员工,我们都建议你从外部人士的客观角度出发,我们将通过下面的类比案例向你阐述相关问题。

The Corporate Culture Survival Guide
文化变革领导力实践

文化评估之旅

请想象一下,你是一艘调查船上的人类学家,船正驶向某个你想要了解其文化的港口小镇。假设你选择先使用快速调查法来进行文化评估。利用快速调查问卷来开展文化评估,就好像站在几千米外的调查船上用望远镜观察港口小镇。你能看到也能拍摄出小镇的轮廓,能观察到一些比较突出的细节,但通常来说,以这种方式观察,这个港口小镇及其文化仅能给你一个二维的印象。

接下来,你想要更深入地调查企业文化,就好像你将调查船继续驶向港口,在离岸十多米处停下,对港口小镇做进一步调查。这种调查能为你提供摄影细节,还可以提供一些能证明邻里之间有差异的细节,这些差异意味着可能存在亚单位。然而,二维的照片即便提供再多的细节,你也仍然无法真正了解这座港口小镇的运作模式。你必须上岸,然后观察当地人以及他们在做些什么,并结识一些当地人,这样做的目的在于当你观察到无法理解的事情时,便可以向他们询问清楚。你之前收集的视觉数据,即前面两步的调查结果,现在开始变得有意义,但你仍然缺少第四维度(时间)的数据。

如果你想通过与当地人的交谈,使调查数据和观察结果拥有更加丰富的背景,那么,你需要对比现在的和以前的调查数据,从而获得纵向背景,看一看观察结果随着时间的推移出现了何种演变;你也可以挑选一组有代表性的受访者,请他们对调查数据展开讨论,让他们针对调查结果提供一些历史性缘由。在第二种方法中,你可能需要找到一些了解当地历史的人,或能代表小镇中可能存在的亚单位的人,然后与他们深入交谈。在第4章表4-2中,我们已经概述了你可能需要提出的各种问题。

也就是说,如果不与当地人交流,就无法解释调查数据的意义,因此也就很难获得快速调查问卷的全部价值。按照格尔茨的话说就是,"弄清楚他们究竟认为他们在干什么……",这通常意味着需要聆听调查对象的解释,而非仅仅读或听他们的答案。大部分情况下,在他们的解释中,历史("我们如此行事的历史渊源")对理解文化核心的深层基本假设至关重要。

这个文化评估之旅的类比表明,文化评估可能既需要定量评估,即需要在数量上有统计学意义的有效问卷,也需要与组织内的个人和团体开展对话评估，以得到反馈，并使所收集的数据体现其意义。对文化评估和变革过程来说，这种调查方法实际上是诊断法和对话法的结合。

- 诊断法：通过测量文化的特定维度或利用各种文化类型学模型来理解文化。
- 对话法：通过对企业内部展开重点观察，并结合与个人或团队的对话，来了解企业的现况和历史。对话法意味着，必须以一种探寻的态度来展开此类与内部员工的交谈。无论是以调查的形式还是以交谈的形式，抑或是两者兼有，探寻本身都是一种干预，因此也会导致一定程度的变革。

文化类型学中所罗列的类别和相关概述，既可能源自内部人士对自己的企业文化所形成的模式化看法，也可能是通过对大量的组织成员展开调查，收集、分析反馈数据，按照所获得数据之间的共性来将它们分门别类。

一般来说，文化类型学让我们得以将对个人或团队行为的观察结果归类到特定文化类型中去，从而使我们对新信息的处理更加条理化。但是，这种信息处理方式的缺陷和危险性在于：第一，文化类型太过抽象，因此不能充分反映所观察特定现象的具体情况；第二，文化类型太过简单，如此一来，当我们对特定文化进行分类时，就会忽略相关的甚至相反的重要细节，直接将特定文化套入与其大致吻合的模型中，这就好比为了将方钉插入圆孔，而将方钉边缘打磨平整，但地板上留下的木屑可能恰恰包含着重要的细微差别。因此，从这个角度而言，如果试图比较多个组织的异同，那么类型学可能很有益处；但是如果试图了解某个特定组织的细微差别,那么类型学将毫无用处。

使用哪种分类法和模型,就会逐渐形成哪种对现实的看法,这种嵌套模型的方式能使日常工作变得更加常规化,也使工作体验更加富有意义。这种简化方式对减少焦虑和节省精力大有裨益,但它的弊端在于,缩小了我们的注意范围,使我们对所观察到的现象熟视无睹。只有在观察不会带来严重后果的现象时,这种方式才能带来一定帮助。

如果你只是在某餐厅或银行进行消费的顾客,那么你将它们称为"命令和控制型"组织,倒也无伤大雅。但是,如果在经济衰退时期,你需要决定是否继续将钱存在附近的某个银行,那么此时,银行的"类型"就无法让你充分了解其运营模式。如果你过分依赖给定的类型学,那么在对特定银行展开分析时,可能就没有可用的概念工具。

大多数类型学的支持者已经发展出各种程度的调查方式,来确定某种文化在类型学中的类别,因此,我们同样需要探讨调查在文化评估中的作用。

用调查法评估文化时的注意事项

利用诊断法评估文化有两点非常吸引人的地方。第一点,在西方国家市场经济体制内工作的许多人都倾向于将一切能数字化的事物全都数字化,即用仪器去测量、用工具去度量、评分、用既有标准去衡量等。这种方法同样适用于文化评估。将文化数字化简直令人难以抗拒。第二点,我们热衷于用既有模型去概括总结观察到的现象,这样一来,我们便能用标准术语和比较分析术语来描述现象。

为了避免使分析结果沦为无稽之谈，我们应该为定量文化评估设定一个高标准，而不是简单、程式化地得出一个评分，从而判断出研究对象与理想化模型的相符程度。在展开大型文化调查之前，我们需要探讨清楚以下6大难题。

采用调查法的6大难题

难题一，我们知道要问些什么问题吗？如果我们将文化定义为涵盖本书提及的所有内部和外部维度，即囊括技术元素、社会元素和亚单位元素等，那么我们将需要开展规模相当大的调查，才能涵盖所有可能存在的维度。任何一个调查组织都会面临的风险就是，他们可能不知道要在调查中提出哪些问题；并且，如果采用现有的问题库，那么他们是否知道要选择哪些问题、不选择哪些问题？

有些维度可能与我们的目的并不相关，根本不值得调查；但也有些维度看似不相关而实际上很重要，最终却由于我们的先入为主而被忽略了。各种各样的文化调查都宣称能分析"你们组织的文化"或"你们组织中重要的文化维度"，但是在不知道所研究文化的哪个维度最突出的情况下，是否存在一种先验的方式去评估文化维度呢？

难题二，我们是否可以确定员工对调查的反应是诚实的？调查者总是鼓励员工坦诚地回答问题，通常还会保证员工的答案将受到严格保密。事实上，事先做类似保证就意味着，调查者最初的假设就是，如果员工知道自己的答案会被公开，就无法做到坦诚。调查中有太多问题需

第 5 章 ▶ 如何进行文化评估

要做出评估和判断,这就导致员工在回答问题时会小心谨慎,他们可能害怕遭到打击报复,也可能试图通过回答来达成某种目的,因此也就难以做到绝对坦诚。

难题三,我们能否确定员工可以正确地理解问题?比如说,请用 5 分制表示是否同意"组织对未来有明确的战略规划"这个说法,此例假设员工对"战略"一词的定义所持看法类似。如果不能确定这一点,那么通过这个问题得出的评分真的有意义吗?按照这个逻辑,想要从个人的回答中推断出个人对哪些概念的定义持有相同看法,可能是件非常困难的事。

难题四,即便所获得的评估结果都是准确的,但它们同样也是肤浅的吗?从个人书面化的回答中,很难获得个人对文化更深层次的理解。本质上,文化是一种共享现象,只能通过互动得以体现,因此,无论调查针对的是文化的何种维度,结果注定都是肤浅的。

如前所述,评估个人在其所属团队背景下的回答可能至关重要。公司的氛围和文化同样甚至在更大程度上是团体行为的结果,而不仅仅是个体行为的结果。仅通过个人问卷展开调查,会漏掉个人在团队环境中所给出的回答的衍生效果。

难题五,调查所选取的员工样本是不是关键文化的"载体"?大多数调查者认为,如果他们认真进行了抽样,并针对样本能否准确代表整个组织的人口统计学特征进行了测试,他们就可以根据样本合理有效地描述整个组织。这种逻辑可能并不适用于文化评估,因为文化的驱动力可能主要是管理层亚文化;但也有可能如马丁(Martin)所述,是许多分化出来的亚文化相互交织形成了驱动力，在这种情况下，根本无法通过统计数据或先验的方式来展开调查。

基于观察和团队访谈，我们能获得关于组织的定性信息，这样便可以更加快速地确定组织中的部分亚单位并展开差异化调查。但是首先，我们需要通过定性分析以确定需要比较组织中的哪些亚单位。

难题六，调查的结果是否会不尽如人意或具有破坏性？邀请员工回答问题会导致员工去思考他们之前可能从未思考过的问题，并在颇有争议的领域做出价值判断。这不只是会影响到个人，如果组织成员做出类似的价值判断，如发现每个人都对组织的领导力持怀疑和不满的态度，那么这还会导致消极的团体态度，从而影响组织的运营。

此外，展开此类调查必定会让员工心怀期望：管理层一旦获得相应的调查结果，就会针对员工不满之处采取行动，加以改善。因此，如果管理层对此类不满无动于衷，员工的士气就会受挫，而调查则可能无法解释其中缘由。我们之所以在此再三警示，是因为对文化展开快速定量研究的动机令人难以抗拒，而针对我们所提出的上述问题，调查的设计者和提供者可能要么忽略了、要么尽量降低了此类问题造成的影响。对于许多事物，通过调查确实能有效地做出评估，但是在处理诸如文化之类的复杂概念时，千万要小心行事，这种警示再三重复也不为过。

采用调查法的 6 种情况

在上述讨论中,我们已经确定了将调查作为评估企业文化的第一步时,应考虑到的注意事项。那么接下来,我们来探讨在哪种情况下,调查是适当并且有效的。

情况一,确定文化的特定维度是否与组织绩效的部分元素有系统关联性。以此为目的,我们需要选择相关问题并纳入调查,然后通过研究大量组织来比较企业文化的特定维度和绩效。进行全面的人种学研究要么不切实际,要么过于昂贵,因此,针对想要评估文化的某个抽象维度,我们先选择了其操作性定义,据此设计出标准化访谈、观察事项或相关调查,然后获取组织在此文化维度的评级或评分。接下来,我们再将这些评分与组织的各种绩效评估方式进行关联。

情况二,对特定组织的概况做出初步分析,以激发对该企业文化进行更深入的分析。我们假设,针对特定维度的文化评估所获得的评分数,只能代表"员工看待组织的方式",而不能代表绝对的文化评估结果。我们可以将此类初步评估结果作为进一步改善和提高组织绩效的动力。为了进一步促进这种改善,我们可以在调查中设计相关问题,不仅包括"你如何看待当前组织状况",而且包括"你希望组织将来如何发展"。

就上述例子而言,在"战略意图"(strategic intent)维度,员工可能会故意给出比较低的评分,并希望组织将来在这个维度能做得更好。因此,当以这种方式展开调查时,关键是要采用与其他方法并行的方式来解读企业文化,而不能认为调查所获得的初步概况就是组织的"文化"。

情况三，针对部分文化维度，在各个组织之间相互比较，以此为企业的合并、收购和合资做准备。如果我们对需要做比较的文化维度有一定了解，并且可以假设员工们愿意接受调查并诚实地回答问题，那么这种调查方式对企业的合并、收购和合资来说，将会很有帮助。

情况四，鉴别亚文化差异。通过上述调查方式，我们可以针对我们认为存在或可能存在的一些亚文化，判断它们能否被客观区分和界定为预先选定的维度。如果我们怀疑，工程亚文化和营销亚文化在组织使命和目的上存在不同的基本假设，那么可以设计一项调查来验证这一猜测，前提是我们可以获取有效的样本，并能收集到诚实的回答，没有人试图通过回答问题来达成某种目的。我们必须谨记，我们评估的只是文化的某个元素。在进一步定性分析之前，我们无法获知该元素在组织的整个文化系统中将发挥何种作用。

情况五，向员工宣扬和推广管理层重视的文化维度。如果组织的未来绩效取决于员工的共识和对某种战略的承诺，那么通过事先调查相关问题，不仅可以获知员工当前的看法，而且可以围绕这种战略的承诺制订和推行变革计划。

情况六，将调查设计成一种干预方式，作为变革过程的一部分。开展干预式调查要遵循一个普适性的指导原则，即必须仔细思考清楚展开调查的潜在后果，并且考虑清楚自己是否希望将部分结果纳入变革计划之中。一个常见的负面结果就是，调查使得员工对组织将会改善现状心怀期望，如果组织没有实施任何改善措施，那么必将引发员工对管理层的怀疑和抱怨。

我们应该将所有涉及的各方都组织起来，探讨调查可能带来的结果，并根据各方的讨论结果决定是否将调查作为干预措施。归根结底，我们不能认为评估能做到像自然科学那样，而是需要认清，我们所面对的是人类复杂的社会 - 技术系统，在这些系统中，任何类型的评估，其本质都是一种干预行为。因此，此类评估所带来的结果不仅包括数据揭示的某些问题的答案，还包括在收集数据时所造成的影响。

4 种文化模型

类型学或模型对简化事物而言非常有用。由于文化本身是一个极为复杂抽象的概念，所以类型学或模型在文化分析中也有一定的用武之地。但是在构建模型的时候，通常模型内部都纳入了源自经济学、心理学或社会人类学等领域的隐性假设。我们已经在前文中将文化解构为宏观文化、技术文化、社会文化、亚文化和微观文化等元素，因此，从这种观点来看，探讨此类模型及其他相关领域的调查工具，也能对我们的文化研究有所裨益。

宏观文化模型

在宏观文化模型中，较广泛使用的模型是基于当代著名心理学家、管理学家吉尔特·霍夫斯泰德（Geert Hofstede）对国家文化的开创性研究成果。由霍夫斯泰德研究中心（Hofstede Centre）和国际跨文化管理培训协会（ITIM International）联合提出的"文化罗盘"（Culture Compass）理论认为，文化包含 6 个维度：权力距离（power distance）、个人主义（individualism）、男性化（masculinity）、不确定性的规避

（uncertainty avoidance）、长期取向（long-term orientation）和自身放纵（indulgence）。该理论认为，因组织所在的国家不同，其员工会在上述6个维度中表现出国别差异，而各个国家的文化也可以根据上述6个维度进行大致分类。

通过这个理论展开的调查，其主要目的是，评估员工在上述6个维度中的表现，从而获知员工能否在新的国家文化中开展工作，例如执行海外派遣任务或在企业合并时，员工可能需要接受新的国家文化。虽然这种调查评估看似与其他评估相类似，但文化罗盘的主要用途是评估员工个体在特定宏观文化背景下的工作环境中将有何种表现，例如"如果我在位于上海的一家中国企业工作，那么我的表现会如何"。也就是说，文化罗盘并非主要用于评估某个特定组织的文化，而更多的是用于评估不同组织之间的文化差异。

随着组织日益走向国际化，各种调查、培训计划和研讨会等都开始重点关注不同国家的文化特征，其目的是使员工能更加顺利地在各个国家开展工作，以及针对需要在其他文化中从事运营管理工作的领导层和作为"跨域者"的管理层人员开展培训，使他们在开展工作时能遵守所在国家的法律或道德规范。

聚焦于"主导形态"的宏观文化模型由罗杰·哈里森（Roger Harrison）率先提出，旨在描述企业文化的本质：

- 权力导向型（power-oriented），组织以魅力型或专制型创始人为导向。

第 5 章 ▶ 如何进行文化评估

- 成就导向型（achievement-oriented），组织以任务完成结果为导向。
- 角色导向型（role-oriented），以其服务角色为导向，比如公共政府机构。
- 支持导向型（support-oriented），以社会价值观为导向，比如非营利组织或宗教组织。

管理哲学大师查尔斯·汉迪（Charles Handy）详细阐述了上述企业文化类型，发现它们十分类似于希腊神话中 4 个不同性格的神：

- 宙斯式（Zeus）文化——霸权文化，以领导力和权力为中心。
- 雅典娜式（Athena）文化——任务文化，以完成任务为重点。
- 阿波罗式（Apollo）文化——角色文化，注重建立组织中的人际关系。
- 狄俄尼索斯式（Dionysus）文化——个人文化，以个人自由发挥特长、以个人意愿为导向。

如今组织的文化多样性极其繁杂，上述 4 种类型的细分程度显然不够，但是它们能为我们在区分广泛的文化类型时提供一些描述性术语，如权力导向型，帮助我们区分广泛的文化类型。当我们用这些术语来描述特定企业文化时，很可能就会发现，哈里森引入的 4 种文化类型以不同比例皆存在于组织中，并且与特定的亚单位相关。

社会经济模型

在乌奇（Ouchi）的理论和威廉姆森（Williamson）提出的"部落式、等级森严式和市场为先式"（clans, hierarchies, markets）文化模型基础上，金·S. 卡梅隆（Kim S Cameron）和罗伯特·奎因（Robert Quinn）提出了一种以经济为导向的企业文化模型。这个模型增加了一类"临时体制式文化"（adhocracies）。这个模型是建立在两组竞争价值维度上的，即"组织的稳定性或灵活性"和"组织对外部或内部的关注程度"。这两组维度被视为"永久竞争性价值观"，需要从组织内部的技术文化和社会文化角度加以理解。

- 部落式文化：注重组织内部的管理和整合，具有灵活性；合作、友好，就像一个大家庭。
- 等级森严式文化：注重组织内部的管理和整合，具有稳定性；结构化、协调一致。
- 临时体制式文化：注重外部的竞争和差异性，具有灵活性；充满活力、富有创业和创新精神。
- 市场为先式文化：注重外部的竞争和差异性，具有稳定性；充满竞争力，以结果为导向。

我们在分析大量组织绩效指标的关键因素时发现，此类关键因素不仅能反映出乌奇和威廉姆森所提出的文化维度，而且与认知研究人员发现的"原型"维度密切相关，因此，在此基础上构建了这个竞争价值框架以及相应的评估工具。

在分析某个特定组织的时候，我们既不知道"关注内部 VS. 关注外部"以及"灵活性 VS. 稳定性"的相对重要性，也不知道由社会经济模型发展出来的简短调查问卷能否有效地对文化进行分类，但由于此类调查问卷主要针对组织的管理行为，所以有助于确定管理者希望其报告能体现何种企业氛围，以及他们如何将这个目的与实际表现联系在一起。

这个竞争价值框架还强调了一个重要的宏观文化观点，这个观点由汉普登 - 特纳（Hampden-Turner）和琼潘纳斯（Trompenaars）率先提出。他们认为社会行为的维度取决于其社会根源，因此，此类维度通常包含两个极端。在和文化相关的问题上，解决方案始终都是将关键维度的两个极端折中和融合。例如，所有的宏观文化都既包含集体主义特征又包含个人主义特征，而组织将这两种极端文化折中和融合的方式，就形成了组织特有的文化风格。同理，所有文化也都必须在创新与标准化、变化与稳定、理性与情感之间取得平衡。

面向技术文化的管理模型

在描述企业文化时，许多企业都偏向选择与某些理念和价值观相关的描述方式，并且希望这些理念和价值观能体现出组织的基本职能或使命。丹尼尔·丹尼森（Daniel Denison）提出的"组织文化量表"（Organizational Culture Survey，简称 OCS 量表），将关注点不仅放在组织的任务和使命维度，而且放在个人和团体维度。如表 5-1 所示，该量表要求员工从 12 个维度对组织进行评级，我们认为这些维度能比较准确地反映组织的经营发展状况。

丹尼森组织文化模型能用环形图将组织在每个维度的得分都显示出来，并可以比较组织的得分与标准得分（标准得分是对大量组织样本进行评级后所获得的）。在此要注意一点，OCS 量表中的类别都非常抽象，因此我们必须搞清楚在调查时实际采用了哪些问题，以理解清楚每个维度的具体含义。

表 5-1　丹尼森组织文化量表

使命（mission）	战略发展目标和方向 具体目标 愿景
一致性（consistency）	核心价值观 观点统一 合作和配合
参与性（involvement）	授权 团队合作导向 个人能力的提升
适应性（adaptability）	创造变革 关注客户需求 组织学习

以人为本的社会文化模型

在人类协同国际（Human Synergistics International，简称 HSI）原有模型（如表 5-2 所示）的基础上，库克（Cooke）和苏马尔（Szumal）提出了另一种探讨企业文化的方式——"OCI 量表"（Organizational Culture Inventory），这个量表同样是从 12 个维度来分析企业文化，且同样能以环形图的方式展现组织的 3 种基本文化类型。

表 5-2　人类协同国际的组织文化清单

建设性（constructive）	成就文化 自我实现文化 人文激励文化 亲和文化

续表

强势/防御性（aggressive/defensive）	对抗文化
	权力文化
	竞争文化
	完美文化
被动/防御性（passive/defensive）	逃避文化
	侍从文化
	传统文化
	认同文化

OCI 量表及其相关的"组织有效性清单"（Organizational Effectiveness Inventory，简称 OEI 清单）提供了大量问卷，其中包含以认知为导向的多样化的长期价值观。经过统计验证，此类问卷的准确性较高，并且能在具有全球性、历史性和规范性的数据资料基础上提供综合性分析，旨在向企业展示，建设性的企业文化与积极的组织绩效指标密切相关。这种包含数百个问题的问卷分析报告通常需要由专业分析师向客户和第三方顾问解释相关数据，帮助组织确定如何根据调查结果制订变革计划。

值得注意的是，人类协同国际的模型中采用了一个基于经验的论点，即"建设性文化"在多个有效性指标上都能取得更好的表现。因此，通常在使用此模型后，分析师需要向客户提供培训材料，以帮助他们构建更具建设性的企业文化，并通过加强与变革顾问之间的联系来制订相应的变革计划。

库克及其同事都一致认为，根据调查结果立即制订和推行变革计划是不具建设性的，因为这样做没有考虑到组织的实际需求——在制订变革计划之前，组织首先需要确定他们试图解决何种技术文化问题，其次需确定他们的社会文化类型是否在某种程度上导致了企业的技术文化问题。

奥赖利（O'Reilly）的"组织文化概评"（Organizational Culture Profile，简称 OCP 量表）提供了另一种选择。OCP 量表侧重于调查与"良好的工作环境"相关的属性。在一个良好的工作环境中，获知文化的表达具有哪些特征，对预测新员工的适应程度以及建设公司整体品牌都大有帮助。OCP 量表主要关注 7 个关键维度：创新、稳定性、以人为本、成果导向、轻松随和、注重细节和团队导向。

为了评估被试在这 7 个维度的契合程度，他们需要对 54 个价值观陈述问题的相对重要性排序。奥赖利的 OCP 量表所使用的分析方式与"Q 型因子分析"（Q Sort factor analysis）方式有所不同，因为 OCP 量表在对各个因素的重要性排序时考虑到了彼此之间的关联性，因此，对某种特定文化而言，这种方法或许能更有效地确定哪些文化维度可以最接近该文化的本质或基因。

其他文化模型和评估系统

还有许多其他的模型和评估系统，在此不一一赘述，因为我们的目的是厘清思路，而不是将事情变得更加复杂。我们需要针对特定的评估需求来选择合适的调查工具。在网络上，只需简单搜索"文化评估"，就有一系列令人眼花缭乱的可选工具，其中一定少不了 2010 年后一些较新的"软件即服务"（SaaS）人力资源自动化公司提供的服务，包括各种针对企业文化和员工敬业度的调查工具。这些服务通常能直接通过智能手机和其他智能设备交付，所有操作都在云端进行，并且用户可以随时访问其云端数据。

在第 5 版《组织文化与领导力》中，我们提到过几家提供这种服务的公司，而其中一家已被另外一家大型人力资源管理软件公司收购。因此，在挑选提供新型企业文化和员工参与度调查服务的初创企业时，需要格外谨慎，因为它们有可能无法提供"来年的调查"服务。也就是说，但凡组织选定了文化调查服务商，风险都是组织自担的。无论如何，这种 SaaS 初创企业提供的新型调查方法让我们不得不重新看待调查，由此可能会给调查市场带来一定影响，并进一步改变我们对整个调查市场的看法。

还有一点值得注意的是，选择 SaaS 的客户都是直接通过软件平台进行数据处理的，这种网上自助式评估系统可能并不提供任何专家顾问，因此也就没有专业人士来管理调研进程并解读调查结果。然而实际上，在选择文化评估服务商时，这一点极为重要，因为大多数更加复杂的评估系统提供的服务不仅包括调查问卷，还包括训练有素的、持有专业资格证的专家，这些专家会与客户经理展开进一步合作，解读调查结果并制订后续计划。通常，此类服务还包括各种咨询项目、培训材料和辅助调查，并且按小时收费、需要交纳预付费用。

此处的关键点在于，组织需要从一开始就明确"文化问题"究竟是什么，即进行文化评估的基本目标是什么。如果没有明确这个问题，没有找出目前问题究竟出在哪里，没有明确所寻求的是何种变革，以及没有理清楚在取得理想变革效果的进程中哪些文化元素会牵涉其中——它们到底是推进还是阻碍文化变革,那么,盲目地参与一个详尽的评估调查项目,是没有任何意义的。

开展文化评估的 3 大驱动力

文化模型或类型学的价值在于,它们可以简化思维并提供有效的分类法,以此帮助我们更好地厘清复杂的文化层次。然而,文化类型学的缺点在于,过分简化了文化的复杂性,并有可能使我们将文化错误分类,或者令我们忽视至关重要的深层现实。类型学可能让我们过早地将注意力集中在文化的几个维度上,从而限制我们的视野,限制我们在多个维度中寻找复杂的衍生模式的能力。对某个特定团队而言,它们可能无法揭示组内成员感受最强烈的文化元素。

在文化研究中,类型学本身就有研究视角的偏向性,马丁称之为整合视角(integration perspective),这种研究方法强调了那些员工普遍认同、具有高度一致性的文化维度。然而在实际研究中,正如马丁和其他学者所述,组织的差异性和复杂性非常明显。马丁指出,许多组织的差异性和分裂性非常明显,甚至会导致组织成员在文化的任何维度都难以达成共识。

在具有整合性的文化中,整个组织的成员均认同某组单一的基本假设;在具有差异性的文化中,组织中一些强大的亚文化在某些关键问题上存在分歧,例如在劳工和管理问题上意见不一;而在具有分裂性的文化中,例如类似金融集团的组织拥有许多种亚文化,并且没有一组普遍认同的基本假设。显然,如果直接将某特定组织归到某一类别中,比如归类为"部落式组织""网络式组织"等，那么这不仅是默认了组织的文化维度具有整合性，还进一步认为能通过评估这些维度来确定组织成员的共识程度，但这显然是不可取的。

正如前文所述，一些类型学试图将所有组织都简化为几种类型，而另一些则更多地依赖于文化维度来对企业文化进行概括分析，并且在员工调查中，对各项文化维度的调查都是独立的。任何此类文化模型及其相关评估工具的有效性和适用性都取决于"开展文化研究"背后的驱动力，下面介绍 3 种获得这种驱动力的方法。

描述当前文化

开展文化评估的目的可能是对组织进行描述。在这种情况中，文化评估的目的是建立一个词汇库，当组织接纳新成员并需要向他们传达企业文化时，利用词汇库中的词语来团结和激励新成员。一些处于成长期的年轻企业可能正需要这种方式。从实际调查中获取的描述词能捕捉到企业中的不同声音，这可能正是将文化转变为企业优势所需要的。

在这种情况下，选择一个 SaaS 快速调查服务商是完全合适的，因为此类调查几乎能覆盖到全体员工，所有员工都必须完成调查，而他们只需在智能手机上回答一系列问题即可。设计或重新设计调查问卷可以提高问卷回复率，使其效用最大化。询问员工的感受这种行为本身就能提高员工的敬业度，后续调查结果也能印证这个结论。

在此，我们要重申一个关键警示：所有评估调查都是一种干预行为。在提出第一个调查问题时，变革就随即开始了。当快速调查问卷发送到每个员工的手机上时，就唤醒了所有人的意识，那么，实际上文化变革已然开始。海浪已经拍打在海滩上，变革的退浪也已悄然而至。

比较文化或文化元素

比较文化或文化元素的研究，其目的可能有3个：第一，与同行业的企业进行比较，以行业基准作为参考；第二，为了并购而检查企业之间的相似性或差异性；第三，比较企业内部的亚文化。在这种情况下，企业可能已经构建了用来自我描述的术语和词汇库，而之前的"我们究竟认为我们在干什么……"的问题已经演变成"在我们企业所处的生态体系中，与我们的合作伙伴或竞争对手相比而言，我们的文化有何优劣势"。开展文化研究时，这可能是一个十分令人信服的理由，尽管以此为目的的话，就要求我们采用的调查工具能提供用于比较的有效数据，但这样一来也就限制了可用调查工具的选择范围。

能提供这些有效数据汇总的文化评估服务商显然数量有限，由于可供选择的选项较少，所以找到合适的服务商反而变得十分容易。

展开这种文化研究，成功的关键因素在于统计的有效性："我们能否从员工中获得充足的反馈数据，从而与另一家同行企业进行有效比较？"第三种比较文化研究，即对同一企业内不同部门之间的文化进行比较，可能存在同样的问题。在每个需要比较的部门中，获得充足的反馈数据同样至关重要。如果每个部门只有10个人，并且调查回复率仅为50%，那么，使用这份数据是否足以展开比较？在开展任何文化评估之前，文化评估服务商都要能回答此类问题。并且，服务商和客户需要协同合作，保证在文化评估中不会出现无用输入/无用输出的问题，以确保跨部门文化评估的有效性，而不仅仅是让文化评估调查"有意思"。

让企业文化朝着期望的标准发展

组织进行文化评估的目的是明确地改善企业文化。这种文化评估的结果可能是企业文化整体表现优良，也可能是企业文化表现不尽如人意。一些与 OCI 量表和 OEI 量表类似的文化评估系统，针对具有建设性的文化给出了其明确的主导特征。

任何一家企业在这 12 种文化维度的侧重程度都不同，故此形成了各自独特的文化风格。如果文化的主导风格在环形图中属于具有建设性特征的部分，我们就会认为此种文化具有建设性，并且从长远来看，企业更有可能不断取得良好的发展并获得成功。其他评估系统同样对类似标准有所侧重，甚至可以说任何评估系统都有相应的标准作为指导。

但是，一种文化风格是否优于另一种文化风格，将由开展文化评估的企业自身来决定。每家企业都有各自不同的发展道路，如果企业认为某种文化风格并不适合自己，那么即使文化评估服务商能提供 30 年的数据来证明某种文化风格包含的具体特征与长期的稳定发展和成功密切相关，而将此类风格的标准模型强加给企业，也不会带来任何好的效果。

文化变革中的关键变量

与员工对话的质量，以及对收集到的各种来源的文化数据进行仔细思考后做出的决定，才是文化变革中的关键变量。

我们在本书中强调，世界正处于急速变化之中。如果事实如此，那么"更好的"文化变革方向的概念似乎就显得有些荒谬了。尽管如此，我们依然认为，在组织中构建起第二级人际关系，有助于组织处理文化领域或复杂或模糊的问题。"我们所面临的问题是什么"或"为什么我们需要进行文化研究"等问题，都更适合在已经建立了第二级人际关系的基础上，在个人对话中提出或作答。

大多数组织的首要任务是要认识到，在组织中推行的任何变革都会不可避免地成为人际互动的过程，而这个过程的质量高低将最终决定变革能否实现其目的。从这个意义上讲，如果针对"我们是否应该进行文化调查"这一问题，组织中的经理、员工或团队成员能展开公开坦诚的对话，并且在将前文所提出的所有注意事项都纳入考虑之后，他们仍一致同意进行文化调查，那么此时开展文化调查是一个正确的决定。

我们强烈认为，不论组织开展文化评估的目的是什么，不论目的是描述性的、比较性的，还是致力于向期望的标准进一步发展，抑或是仅仅让大家动员起来等，深入研究企业文化都能使组织从中受益。组织有数不清的理由去跨出第一步，去提出第一个调查问题，仅通过对话就能让员工认识到组织已经在对文化实行干预了。文化评估的目的也可能只是提高组织成员的意识，这是文化变革的必要条件。

对大多数组织而言，设计一组影响较小但合理谨慎的问题集，以此作为开展文化评估的第一步，或许是个不错的选择，因为后续对话质量的提高将使文化调查获得更加精准深入的结果。对少数公司而言，进行一些较随意的讨论，用组织内部的常用术语来探讨组织的文化"问题"，避免使用任何预先设定的词汇，避免陷入调查中毫无益处的隐性偏见，可能是一个更好的选择。无论如何，在通常情况下，一旦开始文化调查，员工很快就会知道，因此，事先让他们做好"公开坦诚，一切都是干预"的心理准备，可能是确保文化评估不至于沦为无用输入/无用输出的最佳方法。

The Corporate Culture Survival Guide
文化变革领导力清单

1. 文化评估的两大要点：
   ① 文化评估可能既需要定量评估，也需要与组织内的个人和团体开展对话评估，以得到反馈，并使所收集的数据体现其意义；
   ② 在进行文化评估时，需要考虑何时避免采用类型学，以及采用调查法的注意事项。
2. 4种文化模型：宏观文化模型、社会经济模型、面向技术文化的管理模型和以人为本的社会文化模型。
3. 开展文化评估的3大驱动力：
   ① 描述当前文化；
   ② 比较文化或文化元素；
   ③ 让企业文化朝着期望的标准发展。

THE CORPORATE CULTURE SURVIVAL GUIDE

第三部分

企业文化变革实践

导读 THE CORPORATE CULTURE SURVIVAL GUIDE

这一部分，我们将重点转移到了变革过程上，探讨组织成员是如何成为变革目标，又是如何经历变革的，以及变革领导者是如何制订和实施变革计划的。

接下来的章节探讨了与文化变革有关的社会力量，以及成功推行变革需要如何管理这些社会力量。在第6章，我们从概念上概述了变革的各种动力。在第7章和第8章，我们分享了两个详细的案例，以帮助你更好地理解文化变革的动力、进程，以及变革带来的令人意想不到的结果。在第9章，我们探讨了在并购过程中以及在复杂的合资企业中，文化合并给企业带来的挑战。即使企业无意将多种文化合并成统一的文化，也不能低估在吸收或合并不同文化的基因时，其过程的复杂性。

第 6 章

如何有效地进行文化变革

▶ 测一测你的文化变革领导力

1. 变革的驱动力包括（　）

    A. 失验
    B. 生存焦虑或内疚感
    C. 学习焦虑

2. 关于文化变革，下列说法正确的是（　）

    A. 开展文化变革不涉及社会心理动态
    B. 社会文化变革是组织自愿开展的
    C. 文化变革既涉及新学习（new learning），也涉及反学习（unlearning）

3. 发动变革的最佳途径是（　）

    A. 减小变革的约束力
    B. 增大变革的驱动力
    C. 从整体文化着手开展变革

第 6 章 ▶ 如何有效地进行文化变革

启动文化变革的原因

如今这个极具动荡性、不确定性、复杂性和模糊性的世界，使线性和阶段性的变革管理模型逐渐变得过时且无效。如果使用前文中模糊但具有生成性的海滩隐喻，即许多力量（风和海浪）会随着时间的变迁不断改变海滩（文化），你将能更好地理解文化动态。

例如，如今不断变化的技术、宏观经济环境和社会价值观等，都将不断带来难以预料的动力（顺风），都在强有力地推动组织开展变革。人类本性中对稳定的需求、对以前奏效的工作方式的坚持，以及在混乱中对意义的寻求等，都使得人类对变革展开同样强有力的抵抗（逆风）。海滩属于自然系统，而不属于人类系统，这个系统中存在着与大自然互动并试图塑造和控制大自然的生命的现象。

这样理解可能有点脱离实际，但基于"变革过程是可控的"这一机械式假设，制定出一套线性的变革过程，并要求变革领导者逐步执行，相较而言，还是通过我们所提出的隐喻能更好地把握文化变革动态。

回顾以前经历过或观察过的文化变革案例时，我们确实发现了导致组织成员成为变革目标的一些常见系统性过程。在这些过程中，他们或是出于自己的决定表现出变革的意愿，或是由于上级、同级或下级发生了他们未预料到的变化，而他们通常不知道如何控制这些变化，所以不得不做出变革。

在变革过程中，有些事情发生在个人身上，有些事情发生在团队中，有些事情发生在团队与团队之间。其中一些事情是经过计划的、有预期的，但由于我们所面临的是人类的开放系统，所以会出现一些未预料到的结果，这些结果有好有坏。其中一些可能需要立即采取进一步的变革管理措施，这就让人们产生一种共同的感受，即认识到变革不再是一组不连续的阶段性过程，而是一个需要不断适应、不断设计和重新设计的永久性过程。

领导者与文化变革

领导力所发挥的作用与这些变革过程及变革带来的文化影响密不可分。我们已经看到，许多组织试图直接将领导力与文化变革联系起来，直接安排文化变革倡导者、文化负责人之类的职位，但是，我们需要将本书从一开始就讨论的重点谨记于心。变革源于实际的任务和关乎组织生存的问题，此类任务和问题通常都在前文所定义的技术文化范畴之内。组织决定集中精力去针对某些文化元素展开变革的情况即使有，也是很少的。但初创企业例外，因为在初创企业中，创始人会明确表示，企业的使命和主要任务所隐含的价值观，最终将成为企业文化基因的一部分。除此之外，即使企业宣布了明确的社会文化变革目的，如"增强团队合作"或"提升员工敬业度"等，我们发现，其背后也有着明确的原因——通常是组织中出现了与任务相关的绩效问题，导致组织不得不开展文化变革。

在成熟企业中，正式的领导者会发现他们自己就是企业现有文化的产物，同时，由于他们身处管理层，所以在日常管理实践中会对文化进行重塑。但只有当他们意识到企业出现了特殊问题，需要采取更新颖、更优良的措施时，他们才真正地成为变革领导者。但是，文化的本质包含在稳定的现状中为人们提供舒适感和意义，这将导致管理层人员在日常管理中很难观察到问题，或者观察到的问题范围较为有限。因此，变革模型必须首先考虑到，是什么触发了对某种变革或适应的需求，这种需求又是如何变成"变革倡议"的。

通常情况下，成熟的等级结构往往取决于组织现有的文化，而这种文化也是随着组织在不断取得成功的历史中发展演变而来的。主导型领导力模型将从根本上渗透到组织的规章制度和职位角色中，从而进一步决定组织的等级结构，并最终影响组织的经济生存状况和发展。

亚文化与文化变革

竞争、技术革新和市场变化带来的顺风将触发变革过程，从而导致领导层亚文化决定针对组织实践开展变革。此类变革是由组织生存和发展的基本需求决定的，并且通常以组织技术上和财务上的原则和现实作为基础。强制性的变革通常包括重组、资产剥离、裁员、收购、合并和合资，这些变革都会对组织的社会文化产生影响，但这并非组织自愿的。

技术管理层和领导层可能会意识到，强制性的结构变革会给组织中的社会和成员带来影响，从而安排特殊的职位来帮助组织过渡、降低组织中潜在的负面影响。他们可能会将此类职位安排在组织中的任何位置，也可能会专门安排具有洞察力和技能的人去管理变革。

帮助变革过程取得成功，并确保在此过程中不会给组织的社会文化带来过多负面影响，这属于变革领导力角色的工作范畴，并且由专注于处理社会文化问题的职位负责。通常来说，变革过程是由最善于管理变革过程的内部人员和外部协助者合作完成的。

20世纪40年代后期，科特·勒温提出的一个模型指出，生活本质上是在维持一种准稳态平衡（quasi-stationary equilibrium）。这种准稳态平衡取决于驱动力（顺风）和约束力（逆风）之间的相互作用，并且时刻都在发生变化。我们置身于复杂的力场之中，而生活的本质就是对这种力场的管理。由于我们总是需要对诸多选项做出选择，并且需要面对选择所带来的利益、障碍和风险，所以我们始终处于一种紧张的心理状态。我们的大脑能同时考虑我们可能采取的多个行动，我们的决策过程也非常多样化，我们有时会选择从文化适应的经验中形成的习惯和惯例，有时会冲动地自问："那么接下来我该怎么办？"我们能同时思考多个方案，将一些目标暂时搁置起来待日后再采取行动，并等待周围不断变化的侧风带来契机，以寻找另外一种解决方案。

当我们"采取行动"，即为了达到某个目的而做出某种选择时，我们不会感受到整个力场的紧张状态，但是，当行动被打断、注意力突然被他人吸引、需要重新调整并思考清楚该如何"重回正轨"时，我们就会立刻感受到这种紧张状态。勒温的学生贝拉·蔡格尼克（Bella Zeigarnik）做过一项十分有趣的实验，并揭示出：如果我们在完成一项任务之前被迫中断，我们不会将其抛诸脑后，而是暂时将任务搁置起来，随后会重新记起并完成它。

我们生活在一个复杂的力场中，对于任何给定的行为过程或变革目的，都会有相应的驱动力（顺风）和约束力（逆风）。因此，文化分析的关键就在于，区分作用于文化的不同维度的力。技术变革和经济变革所带来的驱动力，将直接影响组织内部的技术文化在战略、结构和工作流程等方面所采取的行动措施。

整个社会的变化，包括政治、种族关系、阶级关系、性别关系、流行文化等，我们称之为宏观文化的变化，此类变化将直接影响组织成员对组织应该在内部社会文化中提供何种工作和何种工作条件的期望，这种影响可能是潜移默化的。如果组织认为，必须围绕内部技术文化展开变革，那么这个决定将遇到来自亚单位的一些难以预料的抵抗力，因为这些亚单位各自发展出了处理事务的方式和能提供工作意义、舒适感和稳定性的社会文化。

一个成熟的组织还会发展出许多彼此互动的亚单位，这些亚单位有时会保持彼此独立，有时会互相帮助，有时也会彼此竞争和破坏。这些亚单位基于各自的历史经验，基于组内成员的职业文化和技术文化，形成了各自的亚文化。因此，组织同样是一系列复杂的力场和紧张状态，它们既能产生驱动力，带来预期的变革，又能产生约束力，阻碍变革目的的达成。

群体动力学的研究表明，人们所属的团队以及人们所认同的团队，对人们具有非常大的影响力。这些团队不仅为人们提供了某种特有的归属感，而且向人们施加了巨大压力，要求人们遵守从团队的亚文化中发展出来的规范。因此，如果变革要求人们违背其所属团队，就会受到强烈抵制，就像当医院出台的政策要求医生改变某些程序时，医生可能会觉得这些变革措施既违背了他们的职业价值观，又违背了他们所属部门的价值观。

团队会发展出自己的等级结构，团队成员会期望团队领导者能提供资源、能为他们在上级面前争取权益，并且在争取资源、争夺权益的过程中，与其他团队展开竞争。因此，当团队领导者试图为团队成员谋利，而组织却要求各团队之间协同合作时，在某种程度上，团队领导者就不得不选择一个折中的方式。如果组织尚未发展出亚文化，如年轻的初创企业，"整合"就比较容易，因为全体成员可以一起公开讨论、解决问题，但是，由于人类属于社会性生物，需要群体所提供的归属感，所以当组织的规模逐渐增大、年龄逐渐增长时，就会不可避免地形成亚单位和亚文化。正如我们经常能观察到的那样，在各个地方、各个区域和各个国家的政治矛盾中，解决涉及不同亚文化的群体间的冲突，成为最具挑战性的社会问题之一，而且人们对这个问题的了解普遍尚浅。变革领导者必须将这些问题均纳入考虑。

反学习和新学习，深度转型性变革

我们对文化变革领导力的观点建立在一个前提下，即变革是人类系统中一个永恒的过程，不论从个人层面还是团队层面而言，人们都始终致力于保持某种程度的稳定性。故此，人类系统是一个永远处于紧张状态的系统，这就意味着，开展变革、学习新事物、改变行为方式、放弃不良习惯、建立新的关系以及摆脱糟糕境况等驱动力都是人类组织必不可少的特征。同样，维持稳定流程、对事物的意义达成共识，以及对所处的环境做出相应调整和改变等，也都是人类组织的本质特征。

人们总是试图影响他人，改变他人的行为方式，从而使自己的境况得到改善，或试图帮助他人改善处境，这些同样是人类生活中永恒存在且必不可少的部分。因此，改变的力量既来源于自然界，也来源于试图改变我们的其他人。当某人向我们提出某些要求时，甚至当我们向自己提出某些要求时，如"改变某个习惯"或"学习如何变得更加自信"等，我们对此类改变的抵抗同样存在于我们的天性之中。此类目标将导致新的抵抗，如"我不想这样做"、"你的要求太难了"或"我对事情的现状没什么不满"。也就是说，变革的驱动力和抵抗力都是不可避免的，但也都是完全可以预测的。

因此，在制订变革计划时，应将其视为对动态系统而非对静态系统的干预，这些系统中存在着多种作用力，其中一些属于推动变革计划的驱动力，另一些在本质上则属于抵抗力。因此，当提出某个重组计划时，学习者自身期望得到改善的驱动力可能已经在发挥作用了，但是，如果此提议会给学习者带来某种不利影响，那么抵抗力也会立即发挥作用。

我们在前文中已经描述过，变革过程涉及文化信念、价值观和行为规范。在此，为了更加深入地理解变革过程，我们需要在力场中增加一个关键因素，即反学习。也就是说，变革不仅要求人们学习一些新事物，还要求人们抛却一些旧事物，抛却一些在目前处于稳定状态的事物。这个要求可能会遭到特殊的抵抗，因为人们可能会认为此类文化因素是组织过去取得稳定和成功的原因，属于"不容置疑的制度"。

组织成员可能已经了解到，个人能否在组织内获得晋升，取决于他与同事之间的竞争水平，因此，当组织突然要求成员具有"团队合作精神"（无论这具体意味着什么），或要求成员与其他队友"合作"时，可能会遭到抵抗。以前，组织所执行的规定可能是所劳即所得，而如今可能会突然要求员工，甚至是提供更优质的工作条件和便利设施来促使员工提升敬业度。以前，组织可能要求员工与上级保持适当的专业距离、保持沉默，而如今可能会要求员工"大胆直言""积极向上级反映问题""不要怀有枪打出头鸟的恐惧心理"。

然后，组织成员可能会意识到，他们可以要求队友同样以新的方式坦率交流，他们会希望队友同样做出改变，能大胆直言并实话实说。如此一来，成员之间就能互帮互助，让整个团队实现合作共赢。并且，组织成员会希望队友彼此信任，能够互相依靠。

管理层不希望团队成员仅仅忠于自己的亚单位，还希望他们能着眼于整个组织的前景，从而帮助组织获得更好的发展。

这些都不是小规模的变革，由于此类变革要求放弃和反学习的一些事物通常与个人身份和组织成员身份有着紧密的联系，并且变革要求转换为新的个人身份甚至新的组织成员身份，所以可以说此类变革都是深度转型性变革。

由于我们亲身经历了变革过程，同时也大量观察过各种组织关系，所以我们对变革过程有深入的了解。但是，我们谙熟于心的经验和知识往往被组织的变革负责人忽略了，从而导致各种正式的改进流程大都走向了失败。本章阐明了我们对转型性变革中社会心理动态的认识，我们还会着重指出，但凡涉及文化变革的地方，都必须将社会心理动态纳入考虑。

文化变革的社会心理学模型

想要理解成年学习者的变革动态，最好的方式就是采用准稳态平衡模型。在该模型中，我们既能确定推动人们迈向新事物的驱动力，又能识别出使人们保持当前状态的约束力（如表 6-1 所示）。我们可以根据特定变革过程中在个体学习者身上发生的具体情况，来分析这两组力。由于个体或团队可能会同时经历多个变革过程，所以我们很难采用"变革阶段"式模型，但是，不论学习者处于何种变革之中，我们都能识别出一系列心理状态的变化，而这些心理状态对大多数变革过程来说都是具有普适性的。

表 6-1　变革的驱动力和约束力

驱动力给变革带来动机	失验
约束力给变革带来阻碍	生存焦虑或内疚感
	学习焦虑
	不愿放弃稳定的因素
减少约束力	与变革目标构建第二级人际关系
	构建开放式交流所需要的信任感和心理安全感
	提供学习机会和支持

续表

新学习——学习新的信念、价值观和规范的两种不同方式	效仿所认同的榜样
	寻找新的变革方式、采用试错法
对新概念、意义和标准的内化	将其融入自我概念和个体身份
	将其融入现有的人际关系和团队

尽量避免不可预测性和不确定性是人类的天性。因此，通常我们会先确定一个特定的变革过程最初是由什么触发的，除了上司或某位朋友告诉我们需要做出改变，是否还有其他因素触发了变革过程，是何种刺激破坏了现有的平衡。考虑上述问题时，最佳方法就是将触发因素视为失验：我们感知或者感觉到该事物的出现很意外，而这种意外的发生破坏了我们原有的信念或假设。无论我们能否有意识地感知到，这种失验都会带来生存焦虑——担心如果不做出改变，就会发生一些糟糕的事情，或者内疚感——突然意识到没有实现自己的理想或目标。

失验，变革的驱动力

宏观文化中有许多不同的外部力量会对组织产生影响，从而促使组织必须变革。技术变革和极具冲击性的新技术应运而生，导致组织的技术文化元素被时代淘汰。我们经常看到，随着需求的枯竭、极具冲击性的竞争者进入市场，或因组织明显的战略错误，而导致的市场份额逐步丢失。亚单位中的变革或亚单位之间的冲突同样能引发变革，因为这些问题都需要组织成员在团队之中和团队之间进行反学习和新学习，因此，变革的驱动力同样可能来源于组织内部。所有这些驱动力在心理上有一个共同点——失验。

第 6 章 ▶ 如何有效地进行文化变革

"失验"一词本身就具有较强的逻辑性,我们通过使用该词来强调一个现实:当一切都进展得很顺利时,你不会有太多动力想要去进行任何改革,因为在这种情况下,工作方式在其稳定性中得以验证;失验则是出现了一些新的信息,这些信息表明,在你理所当然的或一直以来都很可靠的某个领域发生了一些你意料之外的事情。如果所发生的事情与你期望实现的目标相关,或导致了事故和灾难,使你遭受巨大挫折并给你带来一系列难以处理的新问题,那么失验带来的打击将是非常巨大的。

给组织带来巨大打击的失验,通常都是由于发生了事故而导致人员伤亡,并且组织在事后才意识到原先的工作方式有着极大漏洞。事故或灾难发生之后,比如美国国家航空航天局(NASA)的"挑战者号"航天飞机和"哥伦比亚号"航天飞机爆炸,富国银行出现财务丑闻,英国石油公司在墨西哥湾的"深水地平线"钻井平台发生爆炸,以及日本的福岛核电站因遭受洪水的侵袭而引发核污染等,组织必定会强制启动并推行文化变革。我们将在第 7 章讲述,阿尔法电力公司(Alpha Co.)由于一次爆炸事故,将石棉散布到了周边城市,而强制推行改革措施。这种事故当然属于令人震惊、发人深省的失验!

在严重性较低的层面,我们通常会观察到,当经济指标突然下滑、员工士气或敬业度突然跌至新低、客户或顾客的投诉率突然飙升,以及生产率、产品或服务质量未能达到最低标准时,组织就会开始关注技术文化。

流程改进计划通常是为了减少资源浪费以及提升质量,而此时如果经理、员工或外部专家都证实组织内部出现了问题,需要修复解决,或是能采取更好的方式运作，那么改进计划的势头就会越发迅猛。技术文化的本质就是以组织的经济生存为核心，因此不难理解，与经济生存相关的运营和实践将会是组织最先关注的重点。

推动变革的力量可能会随时产生，并可能来源于任何地方。随着组织内部的运作逐渐变得复杂化、系统化，相互关联性越来越高，这些驱动力将一直存在，因为总有人能看到需要修复或改进的问题所在。组织成员可能会直接体验到失验的驱动力，也可能会通过别人明确变革的必要性，如组织中的首席执行官、"吹哨人"或工作职责涉及追踪某些特定指标的职能经理等。总而言之，失验信息涉及以下类别：

- 经济上的威胁——除非开展变革，否则你将面临破产、失去市场份额或遭受其他损失。

- 政治上的威胁——除非开展变革，否则你将被一些更强大的团队打败，并失去优势。

- 技术上的威胁——除非开展变革，否则你所采用的技术将被时代所淘汰。

- 法律上的威胁——除非开展变革，否则你将面临牢狱之灾或高额罚款。

- 道德上的威胁——除非开展变革，否则你将会拥有一个自私、道德败坏或对社会不负责任的形象。

- 内部的不适感——除非开展变革，否则你将无法实现自身的一些目标和理想。

生存焦虑、学习焦虑,变革的约束力

如果要求个体做出改变、改掉不良习惯、学习一项新的技能、克服某些恐惧,或者企业文化变革要求个体服从某个计划,而改变工作方式并接受一些新的信念和价值观,那么在这些情况下,个体会经历何种心理力场的作用?虽然无法直接观察到,但有两种最强大的力量在此处发挥作用,我们可以将其视为以下两种焦虑,它们可能同时出现,也可能相继出现,其出现方式取决于变革计划的性质。

- **生存焦虑**,是一种个体认为除非做出改变,否则将会发生一些不好的事情的感觉。从组织的情景中来说,这可能意味着,个体将会失去工作或晋升无望、失去上司的认可,而如果变革的压力来自所属团队,个体就有可能遭到队友的排斥。生存焦虑是变革的主要激励因素,个体将这种焦虑感知为一种威胁。
- **学习焦虑**,是一种个体认为自己可能无法学会新的行为模式、认为自己的变革尝试可能会失败的感觉。在技术文化领域,尤其是在信息技术领域,新技术或新流程的出现将导致组织要求每名员工都学习新技能,这就很有可能会引发学习焦虑。在社交文化领域,如果要求个体与一些不认识或难以被认可的人共同合作,同样可能会引发个体的学习焦虑。

个体不一定能意识到这些焦虑的存在,但由焦虑所引发的明显抵抗行为将以多种形式表现出来。变革领导者必须谨防对员工抵抗行为的反应仅流于表面,并需要谨记,潜在的焦虑能引发巨大的抵抗力。

作为一名变革领导者,你不能认为员工明显的抵抗行为"只是人类的本性使然"。当你提出变革计划并要求员工执行时，你需要更加深入地了解他们为何抵抗。如果你能设身处地地从变革目标的角度思考，或许你就能更好地理解他们抵抗的原因。此处的变革目标即学习者，也就是必须开展反学习，放弃旧事物、学习新事物的人。请回想一下你曾经经历的变革，你当时有何感受？当时，你是否经历过生存焦虑或学习焦虑，这些焦虑是否公然表现在你的行为之中？抵抗力之所以强大，是因为每当你想到你需要进行反学习、学习新事物时，内心就会产生许多恐惧。总的来说，生存焦虑和学习焦虑会引发5种恐惧。

1. 害怕失去权力或职位。在传统的等级制组织中，抵制变革最常见的原因可能是，担心随着新学习的推进，组织将会给你安排一个新的职位——比你现在所担任的职位更低或权力更小。变革通常带来的是降级或裁员，所以对员工而言变革通常是损失而不是收益。

2. 害怕暂时的能力不足。在过渡到新流程的过程中，你可能会觉得难以胜任自己的岗位，因为此时你已经放弃了旧的工作方式，而又尚未完全掌握新的工作方式。例如，在组织推行使用新的IT系统时，尤其是当系统"更新"之后需要员工进行新学习时，就经常出现这样的情况。

3. 害怕因能力不足而受到惩罚。如果你需要花很长时间去学习新的思维方式和行事方式，那么你可能会担心自己因进度太慢或效率低下而受到惩罚。同样以IT领域为例，前文提到过几个引人深思的案例，在这些案例中，由于组织要求员工保持生产力，所以员工没有足够的时间深入学习使用新系统，从而导致他们无法有效地利用新系统开展工作。

第 6 章 ▶ 如何有效地进行文化变革

4. 害怕失去个人身份特征。如果你当前的思维方式是你个人身份特征的重要来源,那么很有可能,你不希望去适应新的行为方式所要求的形象。在第 7 章的阿尔法电力公司环境计划案例中,员工就认为他们的形象从"合格的电气工人"转变为"清理人行道小面积油污的清洁工",着实难以接受。

5. 害怕失去团队成员资格。团队成员共同拥有的基本假设不仅构成了团队的亚文化,而且决定了个体有没有资格成为组内成员。在决定采纳新的行为方式和思维方式时,你有可能会在所属的团队中显得格格不入甚至遭到拒绝或排斥。为避免失去团队成员身份,你可能会拒绝采纳新的思维方式和行为方式。

这种现象是我们很久以前在工业生产力培训计划中发现的,当时,一些员工在异地工场车间学习了生产效率更高的新流程之后,回到原工作地点反而会被"原来所属的团队"视为"打乱生产节奏的人",并且很快就会被迫将学到的新流程完全抛弃掉。

作为变革领导者,你不仅应该仔细分析学习者所从属的、所认同的亚单位,还需要认识到,即使一些学习者在过渡期间完成了行为模式或思维方式的变革,也很可能会在返回原来所属的团队后,立刻抛弃新习得的方式。这种力量通常很难抗拒,因为它需要整个团队集体改变思维方式,并重新设定团队成员资格的相关规范。

抵制变革的行为表现

1. 否认。对于引起焦虑的失验信息,人们基本的心理反应通常包括视而不见、不理会、认为此类信息不重要或者对其进行合理化解释。我们已经看到，许多人在得知关于气候变化和其他自然现象的失验信息之后，反应无外乎这几种。在此类情况下，你会说服自己去相信这些失验信息是无效的、暂时性的、周期性的、没有任何实际意义的、对你来说不适用的，或者只是有人在撒谎喊"狼来了"。即使你确信失验信息带来的威胁是真实存在的，并且认识到你必须进行变革，学习焦虑也会使你认为自己可能无法开展所需的变革、无法学会新的行为模式或接受新的价值观，这又将导致另一种形式的否认，即认为"反正我无能为力"。如果你在否认变革之后仍能感受到压力，那么你可能还会以下列方式来抵抗变革。

2. **寻找替罪羊、推卸责任、逃避**。你将说服自己承认原因出在其他部门，因此应该由其他部门开展变革，失验信息不适用于你这里，而且在你进行变革之前，其他人应率先开展变革。

3. **引导组织或与组织进行商讨，要求组织对你必须放弃的事情做出补偿**。你可能会认为，因为需要你为变革付出努力，所以组织应给予你应得的补偿；你需要组织说服你，开展变革是为了你自己的利益着想，从长远来看更有利于你的发展；在其他成员同样进行变革的情况下，你才会答应变革。此处，社会经济学中的"公平"最为重要，也就是说，"如果我必须放弃一些事物，那么我就应该得到补偿"，而且"如果我不得不失去某些东西，那么其他人也应如此"。

4. **失去积极性、暗中破坏、蓄意阻碍**。作为一名变革领导者，如果你对此类不同形式的抵制行为没有丝毫的警觉，那么很有可能学习者采纳的新方式将极为有限，他们甚至会暗中破坏变革计划。学习新的行为方式时，如果力度不到位，学习者通常就会失去积极性。在许多变革计划中，组织会通过增加后续措施作为对变革计划的补充，来减轻学习者依然存留的学习焦虑，并褒奖已经掌握新行为方式的学习者，以资鼓励。

变革的 3 个关键原则

力场既有驱动力又有约束力，那么变革是如何发生的？是什么打破了平衡？是什么激励员工去展开学习？此处有 3 个关键原则发挥了作用。

变革原则 1：只有当驱动力大于约束力，或者生存焦虑大于学习焦虑，抑或是两者兼有时，学习行为或变革才会发生。

从"驱动力＝约束力"到"驱动力＞约束力"。

如果按上述简单方程式所示，那么很明显，想要达成驱动变革的目的，方式有两种。其一，变革领导者可以通过加大力度劝导、增加激励措施、增加威胁或以其他方式向学习者施加压力，来加强驱动力，促使学习者展开反学习和新学习。通常，这是最明显的方式，因为这些驱动力往往在变革领导者的把控之下。但是，经研究发现，加强驱动力通常只会增加约束力，使得学习者更加抵触学习、整个系统中的紧张态势加剧，而且潜在的冲突会变得更加明显。

其二，可以通过减小约束力来获得更大的驱动力。这意味着，变革领导者需要了解生存焦虑和学习焦虑的性质，了解学习者真正担心的是什么，并思考应如何减轻他们的恐惧。这种方式相较第一种方式而言更加困难，因为它需要变革领导者花更多时间和精力与学习者建立人际关系，只有构建起彼此足够信任的关系，使学习者从心理上感到足够安全，学习者才会坦言自己究竟在焦虑什么。如此，变革领导者才能进一步确定需要采取何种措施以使学习者停止抵抗。

矛盾的是，第二种方式要求领导者首先成为学习者，与目标学习者建立关系，从而使学习者能坦率直言。当变革领导者致力于建立这种关系时就会发现，双方参与彼此关系的构建这一行为本身就能成为激励学习者开始放弃旧方式、学习新事物的主要动力。

当我们在探讨"提高变革目标的参与度"时，通常不仅意味着向学习者提出一些问题，并观察他们当前的状态，而且意味着需要切实地建立起一种关系，使双方的关系变得更加紧密，减少公事公办的冷漠。这一点正是变革的第二个原则。

变革原则 2：通过减小约束力而非增加驱动力，来进一步减轻学习焦虑而非增加生存焦虑，从而更好地促进学习和对变革的内化过程。

从"驱动力＝约束力"到"驱动力＞约束力"。

变革领导者不应采取"胡萝卜加大棒"即奖励与惩罚并存的激励政策，而应与学习者之间切实建立良好的人际关系，从而能站在学习者的立场上思考问题，并在实施干预措施时能使学习者从心理上感到安全。学习者如果没有足够的安全感，就不会向变革领导者坦述焦虑的根源。如此一来，变革领导者可能就很难找到帮助学习者克服焦虑的方法。这并不是说，对学习者持有"和善有加"的态度是变革领导者需要持有的价值主张，而是要变革领导者认识到，有效的沟通和信任是建立在良好的人际关系之上的，只有以此为基础，才能使学习者最大限度地参与到变革之中，从而保证变革得以顺利推行和内化。

变革原则 3：学习者所需的心理安全感要求变革领导者在变革过程的所有阶段都与学习者保持第二级人际关系。

学习者需要一种心理安全感，需要组织能保证反学习和再学习的痛苦是可以忍受的、值得的，而且最重要的是，需要组织能提供足够的时间和其他所需资源来支持他们开展新学习。变革负责人只有与学习者建立起更加私人化的第二级人际关系，才能从学习者口中获知他们具体在抵制什么。这就意味着，变革负责人需要放弃"外部专家"的角色，因为"外部专家"通常只是单方面"告知"学习者必须做的事情、必须相信新的方式，因为新方式"已经通过了经验的证明"、"属于最佳实践"或"已证明了其有效性"。

也许一个非常有人格魅力的领导者能单方面说服学习者，但通常现实情况是，只有当领导者和学习者之间建立起良好的人际关系时，学习者才会坦诚他们在变革过程中所感受到的不适和恐惧以及抵制的原因，才会相信变革领导者所宣扬的新方式。对变革领导者而言，能从学习者身上获取关键信息，并真心诚意地聆听他们的需求，是一项极为关键的技能。

在推行变革时，学习新的技能往往需要采用合适的技术，所有人的关注点通常都会放在此类事情上，相较而言，人们会认为构建人际关系只不过是动动嘴巴而已。诸如拥有清晰积极的愿景、为新学习提供必要的时间和资源等原则，在技术文化问题范畴确实需要得到重视，但是，如果学习者的参与度不高，或者与变革领导者、教练和其他学习者没有建立起第二级人际关系，那么，上述原则能产生的影响则极为有限。通常，变革计划失败的原因大都在于，变革领导者认为只要他们已经表达得"足够清晰"，作为变革目标的学习者就能理解透彻。成功的文化变革需要领导者和学习者能坦诚相待、相互信任，如果双方保持公事公办的心理距离，那么这种人际关系将无法达到成功推行文化变革所要求的程度。

两种机制助力变革进程

模仿/内化；寻找/尝试/试错。你可以通过这两种主要机制来学习新概念、旧概念的新含义，掌握新的评估标准。你可以通过模仿一个榜样、从心理上认同该榜样来向他学习，或者不断摸索自己的解决方案，反复试验直至找到成功的方案，然后将其内化。

如果你是一名变革领导者，那么你可以选择鼓励开展何种机制。作为培训计划的一部分，你可以通过提供案例材料、影片、角色扮演或情景模拟等方式来提供示范；也可以将已经掌握了新概念的学习者树立为榜样，并鼓励其他人去深入了解这些榜样的学习过程；还可以聘请培训师来教授具体的行事方式。如果需要学习者采纳的新工作方式非常明晰，或者需要他们接受的概念本身非常清楚，那么第一种机制最为有效。但有时候，通过模仿所习得的事物会与学习者的个性或你所维持的关系格格不入。在这种情况下，一旦学习者独自处理任务，或离开了榜样人物，很容易就会回到之前的行为模式。

如果你想让学习者学习到真正适合其个性的事物，就不要树立任何榜样，而是鼓励学习者在其所处的环境中不断反复试验和试错，从而摸索出适合自己的解决方案。培训师可以充当协助者或顾问，以鼓励学习者尝试不同的事物。这种学习模式可能不够稳定，并且由于学习者需要不断进行不同的尝试，所以整个学习进程可能耗时非常长。但是，以这种方式习得的事物更有可能被学习者内化，因为这些事物都是学习者自己的选择，符合他们的风格。

在这种方式中需要遵守的一般原则是，变革领导者需要明确变革的最终目的和必须落实的新工作方式。这并不一定意味着，每个人都会以相同的方式实现变革目的。在学习过程中，给予学习者一定的决定权并不意味着让学习者自行决定变革的最终目的，而是指他们可以选择实现最终目的的方式。无论如何，必须从变革一开始就与学习者构建起第二级人际关系，从而使其拥有足够的心理安全感、开放的沟通态度和对领导者的信任，进而减小变革过程中的抵抗力。除此之外，变革领导者还能通过何种方式来助力变革进程呢？

构建并行学习系统，管理变革流程

文化本身也会不断发展和进化，方式包括经历一次次"潮起潮落"、有目的地利用来自不同亚文化的"潮流"，以及向某些偏爱的亚单位分配更多的责任等。此类"日复一日、年复一年地"改变海滩面貌的"自然"机制，需要与由根据失验和预期的特定变革目标所制定和推行的文化变革区分开来，此类变革通常都发生在组织的技术文化中。

故此，我们探讨的主要变革机制是指，通过一个系统化的流程，由变革领导者把控、变革团队以并行结构的方式参与落实的"计划和管理文化变革"。由于具体情况的不同，受管理的变革流程也会相应发生变化，但几乎所有此类过程中都会涉及构建并行学习系统，并在该系统中学习和验证一些新的假设。

高管层因经历过足够多的失验，从而认识到必须开展变革，变革过程随之启动。高管层还必须意识到，如果需要改变文化元素，就必须构建一个临时的并行结构，因为对组织中的每个人来说，放弃共同假设从而转向某种未知的新假设，或学习一些有效性未经证实的新行为模式，都是非常痛苦的体验。

整个变革过程的关键之处在于，组织的某些部分必须变得边缘化，或者这些部分发现自己已经被边缘化，而且边缘化的程度足以促使他们采用新的思维方式来思考问题。在与整个组织产生这种隐性的分离之后，亚单位就能开始客观地认识和分析组织现有的文化元素具有哪些优势和劣势，以及这些文化元素将会如何促进或阻碍文化变革进程。而全身心浸润于企业文化的内部员工往往当局者迷，很难有一个客观的认识，故此也无法对文化元素做出评估。

例如，在2008年发生的金融危机中，当时是否向处于困境的美国汽车行业投入资金，可能取决于对当时汽车行业高管人员的评估，主要评估他们是否有能力带领行业进行变革，使汽车行业重获国际竞争力并减少对环境的影响。通用汽车虽然成功完成了对土星牌轿车、电动汽车的创新，并且与丰田汽车在加州弗里蒙特工厂合作开发了新型汽车，但是未能将在这些创新中获得的领悟内化到其主流业务中，这一事实就使得人们不得不怀疑通用汽车高层领导的变革能力。

完全委托外部机构来完成企业文化评估同样不可行,因为外部人士对组织内部文化的细微之处不甚了解,所以很难做出准确的评估,而且有可能无法准确地把握究竟以何时作为开始变革过程的契机,才能起到四两拨千斤的效果。

此处的解决方案就是构建一个临时的并行结构,其中既包括关键的内部员工,也包括外部人士,两者展开合作以确定文化变革的目标并制订相应的文化变革方案。如果组织内部的某些亚单位能习得新的行为模式或思考方式,并能证明其有效性,那么在引入新方式并使新方式逐渐成为组织所采纳的主流方式时,给组织成员带来的焦虑以及由此产生的抵抗也会有所减少。

变革团队和变革 5 步骤

发挥并行结构功能的团队,可能是实际设计和推行所需变革计划的团队,但也有可能不是。通常,作为并行结构的团队会成为负责监督和把控整个变革过程的"指导委员会",而变革团队则是其他来自组织某个部门的团队或亚单位,承担制定和推行日常评估和具体变革活动的实际工作。为了更好地落实整个变革计划并取得成功,最好的方式就是将变革活动划分为几个必要的步骤。现今,已经有许多模型探讨过此类必要步骤的具体内容。1987 年,贝克哈德(Beckhard)和哈里斯(Harris)率先提出了一种极为有效的模型,如表 6-2 所示。这个模型包含 5 个步骤,完成某些步骤可能耗时很短,而有些步骤耗时很长,并且,不可以绕过任何一个步骤。

表 6-2 变革 5 步骤

第一步：为何要开展变革？	第一步是确定变革的必要性和可行性。失验带来了生存焦虑或内疚感，从而导致组织中出现一些动荡，人们提议展开行动、表达新的愿景，并呼吁组织解决问题。在某些时候，内部和外部的失验力量能带来强烈的生存焦虑或内疚感，导致领导者认为组织非变革不可，并由此组建变革团队。变革团队在开始行动之前，必须事先审查并再次确定失验信息的有效性和启动变革计划的必要性，这是极其重要的
第二步：理想的未来状态是什么样的？	如果组织认为变革既有必要性又有可行性，那么高管人员和变革团队第二步要做的就是具体描述理想的未来状态。组织的领导者可能已经阐明了理想的状态是什么样的，但变革团队必须重新评估该状态，并确保新的愿景是清晰的、能具体表现在行为中。对于"如果我们成功开展了变革，那么将来我们的行为会是什么样的"这一问题，一个理想的未来状态的愿景应该能给出确切答案
第三步：描述当前状态	一旦对理想状态有了清楚的认识，变革团队第三步就必须诊断和评估系统的当前状态，以确定理想的未来状态与当前状态之间的差异。评估当前状态的关键在于采用并行系统，以确保客观性。如果整个变革团队的成员都是内部员工，那么他们很有可能会因当局者迷而对文化当前的状态做出错误的判断，或者完全无法做出判断。同样，如果整个变革团队完全由外部人士组成，那么他们将无法捕捉到企业文化实践中的细微之处，而这些细微之处对成功推行文化变革至关重要
第四步：设计和制订变革计划	第四步主要针对前面介绍的几个概念，如驱动力、约束力等，进行力场分析（本书附录对此做了详细说明）。在此，我们还要引入一个更重要的诊断工具——角色分析，来了解和分析组织及其亚单位是如何作为整体而相互联系的，附录同样做了介绍。对揭示究竟在何时、何地以及如何开展诊断性干预并启动重要变革措施而言，这一步至关重要
第五步：在整个流程中对诊断和干预行为的管理	指导委员会和变革领导者所做的一切均为干预行为。早期设计的干预措施可能旨在揭示更多信息，从而帮助制订变革计划；而后期的干预措施则是一系列旨在改变员工行为模式的具体培训活动。无论如何，变革领导者必须永远谨记"一切行为都是干预"，并且自始至终都需要考虑到干预可能带来的后果

让团队支持文化变革的 8 大条件

组织需要为正在经历变革和学习过程的组织成员构建起心理安全感,这意味着变革领导者和变革团队需要同时采取一系列技术性的措施。在与组织成员建立良好关系的过程中,有 8 个关键条件。只有通过这些条件,才能向学习者表明,变革领导力团队是真心诚意地希望学习者能参与到变革中来,也是真心希望学习者能获得足够的心理安全感。

1. 令人信服的积极愿景。组织的变革目标必须相信,如果能习得新的思维方式和工作方式,自己和组织的处境就都会变得更好。组织的高管层必须向组织成员明确表达这一愿景,并且高管层自己也应对此深信不疑。最重要的是,这一愿景必须阐明理想的"新工作方式"具体是怎样的。如果学习者不了解组织需要他们采取的实际行动,也就无从知道究竟应该反学习和新学习些什么内容。高管层在阐明新的工作方式时,应指出这是组织的生存或发展所必需的,是没有任何协商余地的。

2. 正式培训。如果需要组织成员学习新的思维方式、新的态度和新的技能,组织就必须为成员提供正式培训。例如,如果新的工作方式需要加强团队合作,组织就必须提供有关团队建设和团队维护的正式培训。

3. 将学习过程的选择权交给学习者。开展正式培训时,组织需要让成员感觉到他们有权选择自己的非正式学习方法。由于每个人的学习方式和进度都不同,所以组织应当让学习者自主选择适合的最佳学习策略,这一点十分关键。虽然学习的最终目标没有任何协商余地,但学习方法是组织成员可以自行决定的。

4.**针对学习者原来所属的团队进行培训，提升整个团队的参与感**。由于团体通常会自然而然地抵制变革，所以组织必须对各个团队整体开展非正式的培训并提供实践机会，从而让团队成员共同建立新的规范和假设。同时，学习者在决定进行新学习时也就不会感到格格不入。

5.**提供实践场地、教练和反馈**。设想一下，如果没有足够的时间、资源、指导和有效的反馈，你就无法切实学到新事物。实践场地、实践机会尤其重要，它们能为组织成员提供试错的机会，并使他们从中汲取教训，同时还不会对组织造成负面影响。

6.**积极的榜样**。如果变革领导者决定让你通过寻找 / 尝试 / 试错的方式来学习，而新的思维方式和行为模式与之前的方式差异很大，那么你可能需要预先了解新方式究竟是什么样的，这样你才能进一步想象到自己以这种新方式思考或行事时的样子，这一点也很重要。你必须有机会观察其他人是以何种新的行为和态度行事的，尤其是你从心底认可的人，这样你才能通过模仿他们去直接学习，或者着手寻找适合自己的学习方式。

7.**支持团队**。在组织内部应该成立支持团队，从而支持学习者公开探讨与学习相关的问题。如此一来，组织成员便有地方可以倾诉自己在学习过程中遇到的挫折和困难，并与其他同样经历着此类体验的人一起分享，从而相互支持、共同寻找解决困难的方法。

8.**组织的系统和架构必须与理想的变革目标保持一致**。组织的奖惩系统和架构需要与新的思维方式和工作模式保持一致，这一点至关重要。举个例子，如果组织希望成员成为更好的团队合作者，那么奖励系统就必须以团队为导向,并且惩罚系统必须针对个人冒进行为和自私行为做出惩罚,同时,组织架构还必须能支持团队合作的工作模式。许多变革计划的失败,都是因为组织架构、奖惩系统或控制措施不能支持新的工作方式。

总而言之,一个涉及反学习和再学习的变革计划,必须最大限度地满足上述所有8个条件。这些要求很苛刻,但再三重申也不为过:文化变革领导力不可能通过某个周末项目或3天集中培训一蹴而就。如果你仔细思考一下创建所有这些支持条件所需经历的困难,以及维持这些支持条件所需花费的精力和资源,或许你就能明白,为什么变革经常稍纵即逝甚至根本无法启动。如果组织没有在结构和流程上给予支持,没有让学习者真正参与进来,没有与学习者构建起良好的关系,那么愿景最终只能是无法实现的愿景而已,由它带来实际文化变革的可能性微乎其微。

变革领导者必备的3大能力

变革领导者可以是个人,也可以是整个指导委员会,抑或是某个选定的亚单位。但是,如果想成功推行变革,那么变革领导者必须具备以下3种能力:

- 能够意识到,技术、财务、架构和任务流程的任何变化都涉及并影响组织的技术文化和社会文化。
- 能够成为技术变革过程或技术创新过程的助推者,帮助发现和管理社会文化对正在推行的变革所产生的影响。
- 能够启动涉及技术、社会、亚单位和团队之间文化问题的改进计划。

本章从个体学习者和变革领导者的角度为文化变革提供了一种社会心理学模型。我们回顾了变革过程启动的原因，并从生存焦虑和学习焦虑两方面探讨了变革给学习者带来的影响，以及这些影响是如何不可避免地导致了各种变革阻力的。最后，我们还揭示了如何通过与学习者建立第二级人际关系，来使他们获得心理安全感、形成开放和信任的态度，从而减小变革阻力，并为他们真正开展学习创造必要的条件。

我们从驱动力和约束力的角度展开分析，阐明了变革的两个关键原则，总结来说就是：①当驱动力大于约束力，或生存焦虑大于学习焦虑时，就会发生变革；②发动变革的最佳途径是减小约束力，而不是增大驱动力。在此基础上，我们还增加了第三个原则：在任何阶段，都必须与学习者保持开放和良好的第二级人际关系，由此才能从他们口中获得采取合理干预行为所需要的信息。

在技术文化中，结构重组或流程创新通常会给社会文化带来未知的后果，并且变革究竟是会受到组织成员的抵制还是能顺利推行，也取决于此。我们向变革领导者或指导委员会提供了一系列可行的步骤，这些步骤涉及一个需要内部成员和外部人士共同参与的并行结构。同时，我们还列出了在整个变革过程中应予以解决的许多具体问题。

The Corporate Culture Survival Guide
文化变革领导力清单

1. 失验是文化变革的驱动力；生存焦虑或内疚感、学习焦虑是文化变革的约束力。

2. 变革的 3 个关键原则：
   ①只有当驱动力大于约束力，或者生存焦虑大于学习焦虑，抑或是两者兼有时，学习行为或变革才会发生；
   ②通过减小约束力而非增加驱动力，来进一步减轻学习焦虑而非增加生存焦虑，从而更好地促进学习和对变革的内化过程；
   ③学习者所需的心理安全感要求变革领导者在变革过程的所有阶段都与学习者保持第二级人际关系。

3. 变革 5 步骤：
   ①确定变革的必要性和可行性；
   ②具体描述理想的未来状态；
   ③诊断和评估系统的当前状态，以确定理想的未来状态与当前状态之间的差异；
   ④设计和制订变革计划；
   ⑤在整个流程中对诊断和干预行为的管理。

第7章

成熟企业该如何进行文化变革

▶ 测一测你的文化变革领导力

1. 文化变革的约束力包括（　　）

    A. 文化元素
    B. 失验信息
    C. 学习焦虑和生存焦虑

2. 对变革的理解，下列说法正确的是（　　）

    A. 社会文化变革不会涉及技术文化
    B. 只有当驱动力大于约束力，或生存焦虑大于学习焦虑时，变革才会发生
    C. 发挥并行结构作用的团队，可以直接设计和推行组织所需的变革计划

3. 成熟组织推行的变革措施包括（　　）（多选）

    A. 采取干预措施
    B. 将规范纳入公司的制度体系中
    C. 让员工和工会参与到变革计划中

第 7 章 ▶ 成熟企业该如何进行文化变革

我们已经在第 6 章中指出,组织的年龄和规模不同,其文化变革动力也会有很大差异。通常在初创企业中,创始人的价值观和目标将直接塑造技术文化,而工作任务的性质将塑造社会文化。随着组织不断获得阶段性成功,组织成员便会逐渐将技术文化的结构和过程视为理所当然,而社会文化、成员的工作方式也将逐渐变成常规,这将使成员获得舒适感、归属感和身份认同。

随着组织逐步发展成中年企业甚至老牌企业,上述文化的形成模式将会发生很大变化,因为企业将由晋升而来的总经理管理,而不再由创业者、创始人或创始家族继续管理。中年企业的技术文化和社会文化已渗透到日常工作之中,并且已经发展出许多拥有各自亚文化的亚单位。在这种情况下,文化变革既涉及新学习,也涉及反学习,即抛弃某些常规模式,以及形成这些常规模式背后的信念和价值观基础。

上述情况在阿尔法电力公司的经历中得到了清楚的体现。过去 20 多年,阿尔法电力公司不断发展出可行性很高的文化变革计划,以确保公司的整体运作在环境、健康和安全领域均符合高标准的要求:不仅使相关数据符合职业健康与安全相关法律规定的要求，而且更重要的是，要将员工和客户的事故死亡率尽可能降至最低。阿尔法电力公司通过文化变革达成了许多目标，但是，根据外部监管机构和公用事业委员会的判断，这还远远不够，公司依然有许多问题需要解决。

启动文化变革计划

阿尔法是一家大型城市电力公司。20世纪90年代中期，公司遭到刑事起诉，原因是它隐瞒了旗下一家工厂中存在石棉（致癌物）的事实，并且发生了一次事故，导致大量石棉被散播到居民区。法官对阿尔法电力公司处以高额罚款，并勒令其签署一份同意书，这使得公司接下来进入了为期数年的试运营期。法官还指出，企业文化是阿尔法需要解决的问题之一。

首席法官下令，由外部咨询公司定期审查评估阿尔法电力公司的进展，并指定一名监督员密切关注公司为增强环境责任感所做出的努力。监督员以季度报告的形式向法官反馈，在报告中强调阿尔法电力公司各种或成功或失败的计划，并对失败的计划阐述得尤为详尽。这一举措导致整个公司产生了更多的失验和更强烈的生存焦虑。

在诸多需要达成的目标之中，最严格的一项是，出现诸如漏油等污染环境的事件时，阿尔法电力公司不仅需要及时采取补救措施，还需将整件事毫无保留地汇报给当地监管机构和环境监察组。这让阿尔法电力公司首席执行官和董事会清楚地认识到，要想在未来放松管制的电力市场中保持竞争力，就需要一种特定的员工行为模式，从而不仅能使公司在环境、健康和安全（EH&S）[①]问题上采取负责任的态度，还能提高公司整体效率。于是，首席执行官表达了开展这种行为模式的愿景，强烈要求员工努力做到"更加以团队为导向、在沟通中更加坦诚、更具责任心、在计划和风险评估中做到更好、能更加妥善地评估和处理安全问题"。

随后，阿尔法电力公司雇用了一名负责环境、健康与安全事务的主管来组建一个团队，由该团队负责提供相应的培训、咨询以及与事故的诊断和补救相关的专业知识，而最重要的一点就是从整体上进行监督，以确保公司的每个层级都能合理妥善地处理安全相关事宜。这名主管创建了一个高级安全委员会，并担任主席，委员会成员包括首席运营官和阿尔法电力公司各主要职能部门的全部负责人。高级安全委员会每月召开例会，在即将到来的变革计划中，逐渐成为真正意义上的指导委员会。

此外，阿尔法电力公司还成立了一个环境质量审查委员会（EQRB），由两位德高望重的环境律师组成，他们的职责是帮助公司将政策落实到位。EQRB直接向首席执行官和环境委员会高管汇报工作，这将确保随着变革计划的推行，公司能取得使美国联邦检察官办公室满意的成果，从而无须继续延长试运营期。

阿尔法电力公司从监督员的季度报告中获知，监督员和法官一样，

[①] EH&S 是环境（environment）、健康（health）和安全（safety）的英文首字母缩写。EH&S 管理体系（环境、职业健康安全管理体系）旨在保护环境，改进工作场所的健康性和安全性。——编者注

都将企业文化视为阻碍公司在安全领域取得有效变革进展的主要问题之一,然而在当时,没人能肯定法官和监督员口中的"文化"究竟是什么意思,于是阿尔法电力公司立即决定聘请埃德加·沙因任 EQRB 的文化专家一职。通过在 EQRB 中增加一名外部文化专家,并使其成为高级安全委员会的主要成员,能确保委员会有一个观察者的视角,也使得该组织成为真正意义上的并行结构。

将愿景表述为可操作的具体行为

实际上,发挥并行结构作用的团队可能并不直接设计和推行组织所需的变革计划。我们在第 6 章已经讲到,指导委员会需要对变革计划进行总体把控和监督,但实际设计、推行和实施变革计划中的日常评估和具体活动,通常是由组织各部门的亚单位来完成的。

对于阿尔法电力公司而言,实际的文化变革计划促使公司创建了一个文化委员会,并由高级安全委员会主席和外部专家沙因共同担任主席。文化委员会的主要任务是,思考阿尔法电力公司的文化将如何影响变革计划。因此,其成员来自公司各个不同部门、不同团队,以确保在分析和诊断企业文化时,已经将所有亚文化都纳入考虑。沙因的主要任务包括:在刚开始,提供"文化"这一概念在工作场合中的具体含义;随后,参与公司的内部评估过程,以了解企业文化基因;最后,创建各种具体变革计划,并监督其进展。

对于每一项变革计划的方案,我们都强调了将愿景表述为可操作的具体行为的重要性。"如果我们成功开展了变革计划,那么将来的行为模式会是什么样的？"针对这一问题，未来理想状态的愿景应能给出答案。

在阿尔法电力公司的案例中，公司的首席执行官曾表示，未来理想状态中的员工将"能对环境更加负责""在沟通中能更加开放、坦诚"，并且"团队之间的合作能更加紧密"。然而，这些表述仍然是一些模糊的目标，并不具有可操作性。此时，沙因作为外部人士的作用之一，就是探究领导者所给出的这3个目标的含义。他认为这3个目标的具体含义如下：

- "能对环境更加负责"意味着，所有员工在面对任何与环境相关的事故时，无论事故的大小，都要担负起确认、上报和采取补救措施的责任。
- "在沟通中能更加开放、坦诚"意味着，任何员工在发现环境事故时，都应在指定时间内将其上报给相关环保机构，避免隐瞒不报或故意拖延。
- "团队之间的合作能更加紧密"意味着，如果看到其他员工无视或未举报环境事故，应上前劝阻，要求该员工改变这种行为方式，并在该员工不听劝阻时，向相关主管反映情况。

这些目标最初都侧重于环境责任，但众所周知，安全和健康实际上已经被囊括在这些具体的目标之中了，因为每个人都很清楚，安全问题通常会给环境和健康带来负面影响，这三者之间是息息相关的。文化委员会花了大量时间进行内部评估，试图理解清楚组织中的现行规范将如何助力或阻碍新行为模式的推行。内部评估是通过个人访谈和团队访谈的形式开展的，并且多处使用到第4章表4-2所给出的相关问题。

一些目标或许会与员工基本工作中所体现的价值观相矛盾。举个例子，在旧的工作方式中，如果某所医院的变压器发生了故障，而此时公司派往医院的维修人员又恰好发现他们的卡车正在不断地漏油，那么毫无疑问，他们会先修理好变压器，然后再处理漏油的事情。而在新的工作方式中，公司要求他们同时处理两件事情，这似乎很难做到，或者至少立即思考出一个控制漏油的对策，然后在修理好变压器之后，再立即处理漏油事故。

再举一个例子，在旧的工作方式中，如果某个工作人员没有穿戴安全设备，或没有遵守安全守则，那么即便其行为会影响到其他员工，其他员工往往也不会出言劝阻。而在新的工作方式中，所有员工都应对彼此负责、相互监督，这在之前的团队准则中几乎是不被允许的。换句话说，新的工作方式刚开始看起来似乎是不切实际的，因此引起了员工的学习焦虑和极大抵触。

分析变革的驱动力和约束力

通过增加驱动力或减小约束力，就能打破力场中的平衡，从而促使员工学习新的工作方式。开展文化评估，极有可能帮助我们揭示驱动力和约束力两方面的规范和假设。对阿尔法电力公司而言，驱动力不仅包括导致生存焦虑的失验信息，还包括员工的动力，他们既希望公司早日走出试运营期，也希望为自己创造更安全、更健康的工作环境。而主要的约束力在于：①学习焦虑，员工害怕自己无法学会判断和清除环境污染物所需的技能；②员工认为他们在安全方面已经做得很好。

只有当驱动力大于约束力，或生存焦虑大于学习焦虑时，变革才会发生。因此，变革团队要从路径、可行性、成本和可取性等方面深入分析这两股力量，以确定应该将变革计划的重点放在何处。举例来说，如果公司决定严惩任何未能及时上报事故的员工，那么这将明显增加员工的生存焦虑，也可能会增加工会的集体抵抗力，并导致劳动关系恶化。如果某些员工未能及时上报事故的原因之一是，其主管鼓励隐瞒不报的行为，那么在这种情况下，惩罚员工也会适得其反。

然后，你可能就会意识到，部分主管人员会鼓励员工隐瞒不报，由此给员工带来了压力，这同样是一种约束力。因此，公司应该采取措施向主管人员施压，并鼓励员工在主管鼓励隐瞒不报的情况下，依然选择直言不讳。另一个抵抗力的来源是，员工认为他们的工作已经做得很好，连一些轻微的泄漏事故也要上报是极为不合理的，并且这干扰了他们手头上更重要的工作。

引发变革的最佳方法是，在学习过程之中和学习结束之后，通过构建员工的心理安全感，来减少约束力和学习焦虑。这意味着，让学习者参与进来，为他们提供培训、榜样、资源以及支持性奖励和激励措施。

例如，阿尔法电力公司的员工存在学习焦虑的一个明显原因是，他们拥有的有关环境危害的信息和知识十分有限。要想让员工能识别并清理泄漏到环境中的物质，如石棉、铅、汞、多氯联苯等有害物，就必须让他们知道，在街道上或在建筑地下室等各种场所之中，以及在化学反应或电气施工等各种工作流程中，他们所接触到的哪些物质是有害的。因此，所有员工都必须接受相关教育和专门培训。

阿尔法电力公司有一所系统十分完善的学习中心，所有和危险技术相关的培训都在此进行，因此当沙因应邀进入公司时，大部分培训已经启动了。阿尔法电力公司有着极为浓厚的专制性、家长权威式技术文化，技术文化假设不仅深深影响了公司的整体文化，而且迅速使全体员工行动起来，在执行任务时牢牢遵守与环境相关的技术规定。这些文化元素同样推动了公司奖惩制度的改进，使之非常清楚地表明环境责任的重要性。举例来说，不论是主管人员还是员工，只要出现鼓励对环境事故隐瞒不报的行为或阻止其他员工上报环境事故的行为，都将受到严厉处罚，甚至会遭到解雇。

公司还存在一个更大的文化变革约束力，即员工认为自己是电力供应者、紧急电力问题处理者，而不是环境清洁工。未来愿景中的环境清洁工形象与许多员工现在所持的自我形象无法吻合，我们之前在医院发电机出故障的案例中也做了说明。为了解决这一问题，所有级别的管理人员和监督人员都应深入了解它，并找到合适的方式向员工传递正面信息，来帮助他们建立新的自我形象。保证对环境"零污染"是阿尔法电力公司的责任之一吗？阿尔法电力公司能否找到合理的解决办法，使员工既能有效地完成工作任务，又能在预防环境污染和及时处理环境事故的行为中获得自豪感？

安全主管、沙因和两位环境律师通过文化委员会展开合作，开始思考如何利用文化方面的见解，使"身份认同"这一至关重要的文化元素得以变革和发展。公司里的每个主要部门都必须启动变革项目，不仅要详述部门以前处理工作任务的方式，还要详述有哪些安全方面的问题亟须解决。

第 7 章 ▶ 成熟企业该如何进行文化变革

教育干预，将理论应用于日常实践中

几个月后，公司决定让沙因向主要的高级安全委员会成员做一次陈述，目的在于让高管人员深入理解文化的概念，并强调他们不仅肩负所有员工之榜样的作用，还是潜在冲突的来源，因为旧的奖励机制鼓励员工尽可能快速地完成任务，而新的安全目标则鼓励员工尽可能安全、零污染地完成任务。

有效的教育干预，精髓在于将难以理解的抽象概念非常具体地传达给目标受众，使他们能将理论应用于日常实践之中。在沙因做完陈述之后，与会人员进行了详尽的讨论，高管人员才开始意识到，公司将要面临的变革是多么复杂。此时，还有一点十分关键，就是如今高管人员对文化变革所涉及的具体事项有了更深入的了解，因此沙因需要再次确定他们是否仍愿意全身心投入变革之中。这些高管人员都表明他们初心未改，同时为表决心，他们还立刻安排了一场与下一级管理层人员的类似谈话。

在此期间，沙因陆续和一些来自各个团队的成员进行了面谈，以此来了解在普通员工层面会有哪些文化困境。换句话说，就是要了解清楚，如果公司需要员工们以一种新的方式工作，那么旧的工作方式会带来何种阻碍。在与员工进行团队访谈时，一些重要的文化元素逐渐浮出水面。

就"使所有员工更具责任感"这一目标而言，公司的文化对该目标的达成有所助力。阿尔法电力公司向来有着非常固定的组织传统，十分注重对员工进行全面深入的培训，因此，公司能通过其专制式的家长作风来强制要求员工采用新的行为模式。对于"积极向上级汇报事故"这一目标,公司的奖惩系统也能起到推波助澜的作用。但是,就"更加紧密的团队合作"而言,在员工眼里,该目标意味着"互相出卖",这显然与公司中非常浓厚的工会亚文化背道而驰。

安全主管还发现,阿尔法电力公司的家长式作风让员工形成了"不裁员"的深层假设,这导致整个公司的职业系统出现了问题,即许多能力有限的员工和管理人员都被调到了这类环境和安全部门,混日子一直混到退休。这就使得安全主管不得不在自己部门中开展额外的培训,并将那些能力有限或抵触变革的员工一一解雇。

文化问题中最棘手的部分是处理员工和工会的某些亚文化元素。在一些团队中,"家丑不可外扬"是一种根深蒂固的规范。如果有团队成员因疏忽或过错而引发了泄漏事故,那么上报事故就是一件有失颜面的事情,这将形成一种强大的约束力,导致该成员选择隐瞒不报。当团队成员发现组内有人没及时上报事故或做出其他对环境有害的事情时,同样会受到团队中类似规范的约束,从而使得他们选择尊重犯错成员的做法,并视而不见、闭口不谈。公司家长式的专制作风形成了很深的传统,并由此创造出一种规范,即如果主管要求员工做一些违反规则的事,如隐瞒泄漏事故等,员工往往会照做。

由于此类规范存在于公司内部较为强势的许多团队中,因此,在该领域开展变革的唯一方法就是让整个组织中所有层级的人员均参与其中,尤其是一线员工。如果未能积极参与到自行定义的学习方法之中,团队成员的行为规范将不会发生改变。

第 7 章 ▶ 成熟企业该如何进行文化变革

对技术文化开展结构性变革

为了支持整个变革计划,并让员工开始参与其中,我们进行了一些结构性干预。其中一些结构性干预发生在变革计划的开始阶段,涉及极为稳固的文化元素:根深蒂固的阶层制度、员工对上级的服从、家长式管理作风、终身聘用的隐性承诺,以及为了更加负责、更加安全地完成工作任务而对员工进行必要的教育和培训的决心。

我们之所以列出这些信息是为了表明,阿尔法电力公司已经充分意识到,要想在社会文化变革中使员工实现行为模式的最终转变,即让员工勇于上报牵涉到同事的安全事故,就必须先对技术文化开展结构性变革。公司推行的变革措施包括以下 9 点:

- 聘请了一位高级副总裁,专门负责环境事务。
- 在每个运营部门中均设置了一名环境管理人员,负责该部门中所有与安全相关的工作事务。
- 针对如何判断和补救环境事故,制定并公布了详细的操作程序,并为主管人员和员工提供了强制性的培训计划,以支持操作程序的推行实施。
- 制定了严格的惩罚制度,任何阻止其他员工向法院指定的监督员报告环境事故的主管或员工,都将受到严惩。
- 对保护环境表现出高度责任感的员工,以及发明了既能提高工作效率又对环境零污染的新施工流程的员工,公司均给予了公开奖励和表扬。
- 创建了新的技术解决方案和工具,以帮助解决漏油和其他环境问题。

- 建立了详细的测量系统，以追踪环境事故的发生率。
- 安全监督委员会每月开一次例会，以监督和把控整个变革计划。
- 审计部门调查了所有安全事故，以找出事故的根本原因和其他相关因素，并针对各种可能导致安全问题的原因建立了一个数据库。

如何让员工参与到变革计划中

前面我们提到的结构性干预是必要的，但仅做到这些还是不够。我们需要让员工及工会都参与到与环境相关的事务中来，因为分析、判断以及处理危险物质材料本来就事关他们自己的安危。让员工和工会参与到变革计划中的关键在于，邀请工会主席加入高管指导委员会。因此，阿尔法电力公司的工会主席和领导班子也开始定期参加月度会议，并积极参与到有关安全问题的关键决策之中。

两位环境律师和沙因定期开会分析和评估整个变革计划，并要求阿尔法电力公司成立焦点团队，以便他们3人能直接从员工和一线主管人员那里获知变革计划的实际推行情况。团队焦点访谈会由主管人员直接向员工介绍，并向员工保证，EQRB是一个独立的第三方，其所提供的信息不会给员工在公司的处境造成任何负面影响。在举办这些访谈会的过程中，沙因和律师们虽然花了一些时间与员工和主管人员建立起开放和信任的关系，但事实证明，安全访谈会成了变革计划落实情况信息的宝贵来源。

阿尔法电力公司的每个主要部门都成立了一个员工和管理者双方

联合的安全委员会,负责分析判断安全和环境问题,并在适当情况下制定处理这些问题的程序。例如,其中一个安全委员会发现,之前提到的医院发电机故障和卡车漏油问题同时出现时,有一种解决方案是,在每辆卡车上放置几桶沙子和防护毯,当员工抵达医院发现卡车漏油时,就可以快速阻止漏油,并立即修复好发电机,然后再清理。当安全委员会提出这种处理程序时,员工们回想起来,甚至不知道自己当初为什么会认为同时处理两件事是"不可能的"。

这些委员会运作得十分有效,只有一个弊端,即每当即将进行合同谈判时,工会就会以退出委员会作为讨价还价的筹码。变革计划需要更加稳定的团队机制,而随着EQRB对变革计划的落实情况有了更加深入的了解,这种机制也有了进一步的发展。

"暂停计划",加强员工的心理安全感

之前的EH&S主管认为,为了安全起见,公司每隔几年就必须引入新计划并强化原来的计划,否则员工就会滋生出自满情绪,而生产力带来的压力也将削弱他们对安全所做出的承诺。一个经典的例子就是公司制订的暂停计划。阿尔法电力公司的政策一直以来就强调,一旦发现环境或安全问题,就必须立即暂停工作,但一直没有一个简单可行的机制能让员工真正执行该政策。其中一个部门的安全委员会意识到,员工真正需要的是一个工具、一种能执行暂停工作的具体方法。于是,公司发明了一种绿色的小卡片,发到每名员工手中,并告知他们应该在何种场合出示卡片,即每当他们认为继续工作会引发安全问题时,就应该立即出示卡片。一旦有人出示卡片,工作流程就必须保持暂停状态,直到

安全专家对相关情况进行评估，并就接下来应如何开展工作做出指导。

考虑到员工可能会轻率地或不负责任地频繁使用暂停卡，因此这个举措出台时，该部门的管理层相当焦虑，但事实上这种担心并没有成真。实际情况是，每当有员工喊停工作流程时，经进一步分析发现，此处确实需要专家的协助，并需要制定新的工作流程。这一计划在该部门执行得非常成功，因此，公司决定将该计划推行到整个公司中，公司高管层也积极支持这一计划。随后，阿尔法电力公司对所有员工都开展了如何使用暂停卡的培训，并对所有主管都开展了出示暂停卡后续操作的培训。

实际上，暂停计划是对公司文化中较森严的等级规范做出变革的一种具体方法，给予了员工暂停工作流程的权力，这意味着员工可以拒绝他们的主管所允许的甚至明确命令的操作。之前"始终遵照命令行事"的旧规范如今已经被打破，但"我们有权力和责任在必要时喊停工作"的新规范尚未被员工完全接受。也就是说，公司已经形成了新的行为模式，但尚未形成新的文化元素。

从长远来看，能否形成新的文化元素，取决于新的行为模式能否使公司更具责任感并获得更高效的生产力。与此同时，主管人员接受暂停计划相当于对全体员工明确表明，过去森严的等级文化正在逐步演变为向一线员工授权的文化，至少在与安全相关的事项上如此。暂停计划能否最终成为公司文化的一部分，取决于它在历经几年的推行之后将有何种发展或带来何种成效。

事实证明，在公司全面推行暂停计划是一项非常成功的举措，因为

第 7 章 ▶ 成熟企业该如何进行文化变革

这个计划使员工能在遇到安全问题时喊停，确实让他们更有安全感。然而在团队焦点访谈会中，我们很偶然地发现，某个团队表示在使用暂停卡时遇到了问题，经该团队描述，我们又发现了一个"意外后果"的经典案例。

阿尔法电力公司是一家老牌企业，因此其设备也比较老旧，这就意味着所有设备都会定期维修，但实际上维修计划总是会滞后，而且究竟哪些设备应优先维修一直以来都是该公司所面临的难题。高管人员发现，对于哪些设备的维修最关键紧要，暂停计划恰巧能提供宝贵信息。为了获取相关信息，他们创建了暂停计划报告单，并要求每当员工喊停时，主管人员都必须填写报告单。但这个举措实质上是对技术文化的一种干预，既没有与文化变革计划起到相辅相成的作用，也没有考虑到可能给社会文化带来的影响，即没有考虑到给中层管理人员、一线主管人员和员工三方之间的关系造成的影响。

于是，各个领域的中层管理人员均从他们所管辖的主管人员那里收集报告单，并上交到了总部进行分析。自然而然地，这些中层管理人员注意到，主管人员向他们汇报的喊停频率有高有低，于是就向那些喊停频率较高的主管人员询问员工频繁使用暂停卡的原因，意在提供帮助，或只是自私地担心自己的管辖区域出现频繁喊停情况会影响公司对他们的看法。

不用说，那些下属员工频繁喊停的主管人员一开始并未意识到员工使用暂停卡的频率超过了平均水平，在得知这一事实之后极为不安，因此在后续工作中多次质疑喊停事件，以此来降低喊停频率。我们是从团队焦点访谈会中得知这一情况的，因为有员工指出，他们不太愿意使用暂停卡，因为担心主管会因此而轻视他们、喊他们懦夫，甚至对他们的喊停行为视而不见。这就导致暂停计划在公司的落实情况并不均衡，公司发现这一意外后果时，立刻出台了新的计划，旨在重申一线员工所给信息的重要性，并加强了对主管人员的培训，让主管人员能更加妥善地应对每个喊停事件。同时，针对那些向主管人员询问"为何员工喊停频率如此之高"的中层管理人员，公司也给予了额外指导。同样重要的是，如此一来，主管人员也都十分清楚地认识到，在和安全有关的事项中，绝对不可以质疑一线员工的判断。

在环境领域，员工逐渐接受了新的工作方式；但在安全领域依然存在问题，因为"不出卖伙伴、不与伙伴当面对质"的传统依然存在。公司的愿景非常明确，即更高的安全性需要更加紧密团结的团队合作，这就意味着团队中的每个成员都有责任督促其他所有成员遵守安全规则。如果有某个成员没有佩戴安全帽或护目镜，那么团队中其他成员就有责任指出这一点，并要求该成员立刻遵守安全规则。但是，这同样意味着，全体成员绝对不能再将"以大胆的英雄式行为来完成工作任务"的个体视为英雄模范，同时，还不能继续遵守"每名员工自行决定是否穿戴安全防护设备"的隐性规范。

劳工和管理联合安全委员会对此进行了讨论，但无法解决这个问题，因为工会作为公司中有着自身亚文化的亚单位，需要时刻考虑到后续的合同谈判，而且如果谈判不顺利，工会常常会威胁要将其成员从安全委员会中撤出，以此作为谈判的筹码。在 EQRB 看来，解决方案似乎只有一个，即让工会成立自己的安全委员会，制订自己的安全计划，并发展出自己的同伴责任规范。由来自另一个团队的同级同事向某工作组指出，不穿戴安全防护设备是一种"愚蠢的行为"，比来自主管人员或专家的建议所起到的效果要好得多。

与此同时,一些部门的劳工和管理联合安全委员会认为,虽然之前安全检查和安全事故后续的评审一直由安全专家单独完成,但这种程序的确有不妥之处,应该让事故所涉及员工的同级员工也参与进来,与专家一起评审。这个观点正好支持"发展出自身的同伴责任规范"这一想法。

还有一些部门认为,安全检查应该由工会成员和安全专家、管理人员一起实施,而不是仅仅由安全专家或管理人员单独实施。于是,许多一线员工接受了相关培训,并在劝告同事穿戴个人防护设备上取得了非常喜人的成绩。随着越来越多的工会成员参与到安全事务之中,尤其是事故分析和制定新的安全规章制度,由他们自己撰写最终报告并将报告上交给EH&S高管指导委员会就变得理所当然了。

通过提交此类书面报告,越来越多的工会成员能接触到高管人员,更重要的是,工会成员意识到了管理层对整个计划的投入程度有多深,双方由此建立了互相信任的关系,从而使工会在安全领域的发声不仅角度更专业,而且更具影响力。多年来,我们看到了公司的社会文化从根本上发生了变革,从之前的EH&S会议中只有两名工会领袖参加,而且很少发言,到如今每次会议都有工会成员对事故展开调查分析。

工会拥有了这些经验,于是创建了内部安全委员会、制定了内部安全规章制度,并且这些安全规章制度得到了更好的执行,因为它们来自同级员工,而不是来自管理层或"专家"。工会的团队直接向高管人员做事故分析陈述,久而久之,这成为工会和管理层之间建立信任关系的主要渠道,所以逐渐发展成一种社会文化领域的干预行为。这种信任关系逐渐促使双方的协商谈判更加融洽，工作方式也有了改善，从而进一步影响了技术文化。

让员工参与设备的重新设计

长期以来，阿尔法电力公司都存在员工不遵守安全规章制度的问题，因为员工总是认为自己更清楚实际操作中的危险所在，在实际完成任务时，他们经常会违反安全规则，尤其是经常不穿戴必要的安全防护设备。检查人员一旦发现员工没有佩戴护目镜，通常不经调查就会立即给该员工以纪律处分。随着员工逐渐能向上级坦言问题所在，对管理层的信任也日渐增强，当员工接受处分时，就会指明处分的不合理并给出解释。例如，在潮湿闷热的天气里，员工所佩戴的护目镜常常会起雾，导致根本无法开展工作，如果他们为了完成任务而不得不摘下护目镜并因此受到惩罚，那么这种惩罚就是不合理的。

公司发现，在多数情况下，员工不穿戴安全防护设备是有原因的，如护目镜起雾、手套太厚而无法完成精细的电气施工作业等，因此这些安全防护设备都应该重新设计。以前，公司一直采取培训员工使用现有设备的传统方法；而如今，各员工团队自愿与工程技术部门合作，共同寻找能在特定施工情况下使用的设备，并一起说服管理层购买此类设备。事实证明，员工参与设备的重新设计在许多领域都取得了成功，因为只有员工自己才最了解现有设备在实际工作中会遇到哪些问题。

第 7 章 ▶ 成熟企业该如何进行文化变革

培训内部人士,创建新的团队社交活动

随着某些规范在环境和安全领域得以不断发展和完善,阿尔法电力公司总裁决定将这些规范纳入公司的制度体系,具体方式是成立一个高级委员会来向员工阐明这些规范将成为公司的工作原则,并成立特别任务团队,将这些原则转化成具体的计划,使其渗透到整个公司,成为员工的新价值观。沙因担任流程顾问,以帮助设计这一构想。当初,在上述"我们的工作方式"这一构想刚刚形成时,首席执行官任命指导委员会来执行,并邀请沙因负责整体把控。沙因立即拒绝道:"不行。如果想成功落实这一计划,那么您就必须亲自把控,并参加每月一次的会议,您既需要从中了解计划的具体进展,也需要以此来巩固您的决心。如果您不出席每月例会并对任务团队的想法给出回应,那么他们的积极性和任务执行质量都会逐渐下降。"首席执行官思考此番话后意识到,这个计划就像是他的孩子,抚养的事情确实不能假手于人。

特别任务团队每月召开一次例会,让各个工作组汇报在"改进"、"团队合作"和"技术创新"三方面所取得的进展。公司总裁和其他高管人员也参加了每月例会,从中了解员工的工作中有了哪些创新,并以此巩固管理层对"鼓励员工参与"所下的决心。由于公司推广"力求不断改进"和"庆祝成功"两种原则,所以特别任务团队不仅在各个部门中寻找到了优秀榜样,随后还会在每月的颁奖午餐会上表彰他们,即向高管层展示他们所获得的优异成果。

每月的颁奖午餐会有 30 ~ 40 名与会者,很快,午餐会就成为跨部门交流的重要机会。与会者在单独的餐桌上用完简餐之后,就会围成一个大圈,所有人都可以四处走动,向别人介绍自己。同时,特别任务团

队会表彰 4 组优秀榜样，与会者将听取榜样们在"改进""团队合作""跨部门创新""解决冲突"等方面的经验报告。进行陈述的榜样团队成员通常是半数管理人员、半数工会成员，这种组合模式又为工会和管理层之间相互了解提供了更多的机会。

每月颁奖午餐会成为一种象征新文化重要元素的仪式，同时也给团队合作带来了全新的诠释。通过在午餐会上的交流，阿尔法电力公司各个部门开始看到他们共同面对的问题和解决方案，从而在更高的管理层实现了更多部门之间的协作。

与会者来自各个部门的午餐会，让公司意识到了在社会文化中创建新的团队社交活动，并通过此类社交活动进一步影响和改善技术文化的重要性。由于每月午餐会每次都有高管人员参加，由首席运营官主办并提供免费午餐，所以这也为员工做创新报告提供了众多听众。此类创新虽然来自某局部领域，但这种新的社交活动也确实给公司带来了巨大的正面影响。各组成员之间互动学习的频率之高简直令人惊讶，我们经常会听到有人说："没想到你们团队有这种操作，我们也得尝试一下。我会派几名组员去学习一下你们的操作模式。"

最开始，公司聘请沙因作为文化专家，然而他的主要贡献实际上是在社会文化和各亚单位中充当过程顾问和过程创新者。之前的系统中，在设计员工创新和团队合作榜样的奖励计划时，公司最初的意见是直接在内部新闻报道中宣布榜样名单，然后在不定期召开的全体员工大会上颁奖。沙因与人力资源部的两名骨干管理人员合作提出了由高管人员参加的免费午餐会计划，以及上述在午餐会上开展的汇报过程。这个计划的目的在于让员工和高管人员有更多的非正式接触机会，以建立起第二级信任关系、促进跨部门沟通、实现跨部门协作。为了达成推行文化变革的总体目标，公司所采取的干预措施主要是通过制定新的过程，使公司内部的人际关系得到改善，并让员工获得足够的心理安全感。

高管的责任

如前文所述，第一任安全主管告诉沙因，不论公司如何宣称"要将安全放在第一位"，只要有生产效率和持续运营的压力存在，员工就会不可避免地将安全和其他问题置于次要地位。这名主管认为，公司每隔3～4年就需要重新制订一项安全计划，以此来不断让所有员工重新将注意力放到与安全相关的事宜上；对安全性的强调必须直接来自首席执行官和高层管理团队，并且几乎需要每天都强调一次。也就是说，安全主管认为，公司的首席执行官必须将EH&S计划视为首要关注事项，而不能将其委托给某职能部门或下级去处理。而事实正好相反，也理当如此，如果能构建良好的沟通渠道、使员工更大程度地参与改进计划、使上下层级之间更加信任彼此，以此来创建一个有效的EH&S计划，那么同时也就使组织的整体运作更加有效。

彼时，沙因在阿尔法电力公司负责咨询工作已经有15年左右，其间他历经了几次总裁班子成员的人事变动，也见证了随着每次人事变动，EH&S计划的重要性都得到了进一步加强。公司对首席执行官和所有主要部门负责人的选拔，不仅考虑到了他们在组织运营中所展现出来的技术能力，还考虑到了他们是否将致力于承担公司新文化中的责任，即对环境、社区和员工的健康和安全负责。

EQRB 定期与首席执行官会面，共同商讨文化变革计划的进度；EH&S 委员会每月召开的例会使得所有员工都将该计划的重要性铭记在心。在职业安全与健康法案的"滑倒跌落"防护指标逐渐提升的同时，阿尔法电力公司与监管机构的关系也得到了改善，尤其是当公司邀请监管人员参观了解公司运作的具体情况时，监管人员发现，公司对事故的处理过程表明，员工从技术角度和社会角度都对事故的发生原因有了更成熟的认识。由于公司的整个系统极其复杂，事故发生在所难免，但公司的善后处理使监管机构和社区都确信，公司正在尽最大努力将对环境健康和安全的负面影响降至最低。有目共睹的是，阿尔法电力公司的文化已经发生了明显的变化，如今的员工都为自己在环境领域获得的成就感到自豪。

阿尔法电力公司文化变革的启发

从那以后，阿尔法电力公司又发生了什么？从它的文化变革中，我们又能得出哪些结论？从 20 世纪 90 年代中期起，沙因加入公司，与 EQRB 共同处理和环境、健康、安全相关的问题，当时，此类问题被视为阿尔法电力公司的文化问题。经过几年的努力，在与 EH&S 相关事项上，公司的文化已经得到了改善。但在阿尔法电力公司历经 10 年的文化变革之后，美国国家公用事业委员会再次审查了公司，并再次表示该公司需要进行文化变革。那么在这个时候，阿尔法电力公司应该怎么做？

这是否意味着，阿尔法电力公司在签署判决同意书后的 15 年里，虽然一直致力于解决与 EH&S 相关的问题，但公司的文化并没有发生根本上的变化？还是说，在这 15 年里，公司的所有努力都只触及与技术变革相关的部分技术文化和社会文化元素，一旦相关技术问题得到了妥善解决，工作场所变得更加安全且整体运作对环境更加负责之后，一切努力显然就已经到此为止了，而未能进一步影响到公司与其主要经济利益相关者的基本关系？

阿尔法电力公司的变革计划逐渐将其他目标纳入其中，包括实现企业经济效益最大化、与监管机构建立更加信任的关系、转变公司在公众心目中仍然存在的负面形象，以及减少环境污染事件和安全事故。但委员会的报告指出，公司仍需大力改善其与经济利益相关者以及公众之间的关系。这个原因和一些其他原因使变革计划的重心转向了最高管理层亚文化，尤其是董事长和他选拔的领导班子成员。因为在这个时候，大多数高层和中层管理人员已经清楚地认识到了团队之间积极合作的重要性，也认识到了一个以团队为导向的外部协助者是必不可少的。

最高管理层对这次变革计划十分重视，刚开始，他们与当地的一名组织发展顾问合作了一段时间，最终聘请了一位外部专家，这位专家在他们公司工作过，有员工和工会层级的工作经验。如果需要进一步开展文化变革，最好聘请一位与公司和工会一起工作过的外部专家，这样他本身就对公司的文化有着深入的了解。其主要任务是，通过解读美国国家公用事业委员会的报告，来协助最高管理层设计和开展变革计划。

开展各种文化变革计划不仅推动公司解决了各种问题，而且使得中层管理人员与直接下属之间有了更多的合作和更紧密的个人关系，因此，我们有理由相信，公司高度专制的家长式统治文化基因几乎已经不复存在了。但很明显的是，美国国家公用事业委员会认为，公司与工会和股东之间的关系并没有发生足够的变革，由此，公司决定将文化变革的重心转移到最高管理层的战略工作上来。

阿尔法电力公司的种种经历使得最高管理层和董事长都转变了自己的决策风格，使之更加开放，同时还更加注重自己的行为方式，即在与直接下属和工会沟通时做到言行一致。他们同意创建一个信任度更高的环境，并意识到想要达成此目标，就必须改变自己的行为方式。但他们可能未曾料到，这种变革需要在长达数月里进行相互之间的角色扮演和学习，通过不同的沟通方式来亲身体验其造成的影响，从而内化成新的行为模式。

该外部专家强调，如今大家所认可的并在最高管理层实践的新行为模式，在管理层真正将其内化之前，不能以这种行为方式与直接下属沟通。在这个体验式学习阶段结束之后，最高管理层就需要持续不断地将这种新的行为模式灌输给直接下属，同时还需要为这些直接下属提供所需要的任何额外培训和指导，使他们也同样能将新的行为模式内化，并推广到下一级，以此类推。由于公司经历了"学习内化"和"落实推广"两个阶段，并且新任董事长的个人风格与最高管理层一直以来所学习的风格一致，所以他在没有接受任何额外指导的情况下就直接带领领导班子延续了这种新的工作方式。

变革进展到这个时候，阿尔法电力公司似乎已经解决了一些战略上的问题，并且与利益相关者和监管机构建立了更加良好的关系，但公司与工会的关系仍然存在严重的问题，总的来说有两方面：既要使公司的运作更加高效，又要保证与EH&S相关的事情不能退回安全性和环境责任感都较低的管理水平。

第 7 章 ▶ 成熟企业该如何进行文化变革

通过阿尔法电力公司的经历，我们认识到了企业文化变革的复杂性。在变革进程中，问题会源源不断地冒出来，我们需要有针对性地而不是根据某个武断的、理论性或线性的顺序来解决变革问题。在阿尔法电力公司的案例中，安全和环境问题使得公司不得不针对社会文化中的相关元素进行变革，以此来改善公司在这一领域的状况。此类变革为公司加深对社会文化的理解奠定了基础，即深入了解了公司各个级别的员工如何沟通互动、如何建立起信任关系，从而使公司得以在最高管理层亚文化中制订了一个能切实改变领导班子成员行为模式的变革计划。整个最高管理层都不得不学习沟通互动的新行为模式，并通过实践将其自上而下地逐级推广到整个公司中去。

由于新任董事长和最高管理层对公司运营有了新的看法，以及宏观文化中的价值观与变革进程刚刚开始时的早期价值观越来越不一致，所以公司之前的家长式权威管理规范也不得不逐渐被新的风格所取代。

阿尔法电力公司的年轻员工们给公司带来了新的顺风，而作为变革阻力的逆风一直未曾停歇。在持有新态度、新技能的新任董事长的带领下，文化变革将如何进一步发展，还有待观察。但无论如何，所有利益相关者都应将海浪和海滩的形象谨记于心，即便需要花费很长时间，历经无数次海浪、无数次海潮运动，以及无数次冲刷和退浪，也要记住应尽量通过稳定的过程来改变海滩的轮廓（但愿公司不会经历大风暴）。

The Corporate Culture Survival Guide
文化变革领导力清单

1. 成熟企业中的文化变革既涉及新学习,也涉及反学习,即抛弃某些常规模式,以及形成这些常规模式背后的信念和价值观基础。

2. 成熟企业可以采取的 4 个变革措施:

   ①任用外部文化专家,组建能发挥并行结构作用的团队,在每一项变革计划中将愿景表述为可操作的具体行为;

   ②分析变革的驱动力和约束力,而引发变革的最佳方法是,在学习过程之中和学习结束之后,通过构建员工的心理安全感,来减少约束力和学习焦虑;

   ③教育干预,其精髓在于将难以理解的抽象概念非常具体地传达给目标受众,使他们能将理论应用于日常实践之中;

   ④让员工参与到变革计划中。

第 8 章

如何应对文化变革的影响

▶ 测一测你的文化变革领导力

1. 关于科特变革模型,下列说法正确的是(　　)

   A. 科特变革模型有助于达成变革目的
   B. 科特变革模型涉及 6 个步骤或原则
   C. 科特变革模型是一种违背人类天性的变革方式

2. 关于变革,下列说法正确的是(　　)

   A. 社会文化变革与技术文化变革不会相互影响
   B. 组织系统中某个部分的变革不会给系统其他部分带来影响
   C. 社会文化实践中所发生的变化,往往会反过来给技术文化中的工作效率造成衍生的负面影响

3. 当领导层以工程技术亚文化或财务亚文化为主导时,应避免忽视(　　)

   A. 沟通问题
   B. 社会技术问题
   C. 资源分配问题

第 8 章 ▶ 如何应对文化变革的影响

宏观市场低迷，变革势在必行

大型计算机系统公司贝塔公司（Beta Corporation）是一家相对年轻的中年企业，创始人仍在公司内和选拔出的职业经理人一起工作。我们将通过贝塔公司的经历来阐述出于合理的经济原因，在技术文化中强制推行一个经过精心策划的、自上而下的变革计划，将会带来意想不到的结果，而这些结果又可能会影响公司基本使命中某些固有任务目标的达成。

贝塔公司的经历还将阐明，一个传统的逐步实施的变革计划是如何发挥作用的。贝塔公司与阿尔法电力公司启动变革计划的方式有所不同，我们可以用约翰·科特（John P. Kotter）提出的变革模型来解读贝塔公司的变革计划，而这一模型也被广泛运用于各种组织的变革之中。

抵抗变革是人类的天性，但有一种符合人类天性的变革方式，即通过一系列程序化的步骤来完成整个变革过程，这种方式来自西方国家长期以来成功的工业传统。如果我们能按照步骤实施计划，并能清楚认识到自己的角色、完成自己应该完成的任务，最终就能达成变革目标。通常来说，这种做法是可行的，尤其是在技术文化领域。

应用科特变革模型的 8 大步骤

科特变革模型是一种综合性模型，涉及至少 8 个步骤：

- 第一步，营造紧迫感；
- 第二步，建立变革指导团队；
- 第三步，制定变革的愿景与措施；
- 第四步，招募志愿者；
- 第五步，通过消除障碍来采取行动；
- 第六步，获得短期成果；
- 第七步，加速变革；
- 第八步，通过制度巩固变革成果。

接下来，我们将以贝塔公司为例，诠释如何将科特变革模型应用到实际变革之中。但文中所讲述的经历并未经过专门研究和审查，而是源于个人反思，旨在说明一次按部就班的变革过程，以及其中可能如何运用到了科特变革模型。

贝塔公司的经历听起来或许和许多 IT 公司的经历相似，随着 21 世纪第一个 10 年互联网商业模式的开启，这些 IT 公司都经历了行业剧变的洗礼。在 20 世纪 90 年代后期，贝塔公司红极一时。在向一些大型企业和银行成功出售了用于图像处理和关系数据库管理的高性能计算机系

第 8 章 ▶ 如何应对文化变革的影响

统之后,贝塔公司一举成为行业领先的网络服务器提供商之一。从许多方面来说,互联网对贝塔公司来说都是一个极具潜力的新兴市场,而贝塔公司也因在这一时期为大型数据中心的 IT 专业人士提供大型机而声名鹊起。

由于贝塔公司的客户都是技术过硬、原则性强且要求严格的 IT 专家,所以公司逐渐发展为以工程为主要驱动力的模式也就不足为奇了。公司的所有创始人都具有深厚的技术背景,包括微电子、制造、软件和电信等领域。虽然至少有一位创始人拥有 MBA 学位,但大部分创始人都不是管理科班出身。也就是说,贝塔公司是一家以技术和工程为主要驱动力的公司。

贝塔公司的技术文化和社会文化较注重员工的个人隐私,具有"个人办公室"的特点,这本质上并非因为它是一家工程技术公司,更大程度上是因为它步入成年公司的时代背景——大约在 20 世纪 80 年代末和 90 年代。贝塔公司的主要园区坐落在旧金山湾区,由许多长建筑物、长走廊和私人办公室组成。虽然有的办公室窗户会面向走廊,但如果员工为了保护隐私而用海报来挡住窗户也是完全可以的。高级总监和副总裁的办公室较大,通常设在走廊两端,配有行政小隔间,从而与走廊上的其他办公室隔开。

21 世纪初,在贝塔公司的大多数园区中,几乎所有中层管理人员都设有私人办公室。深受惠普公司企业文化影响的公司绝对不会在任何园区中设置私人办公室,例如,硅图公司(Silicon Graphics, Inc.)的办公区都是格子间,没有私人办公室。20 世纪 90 年代,微软公司设在贝勒维(Bellevue)园区的办公室主要是私人办公室,而英特尔公司设在圣克拉拉（Santa Clara）园区的办公室则主要是小隔间。究竟是选择办公室还是小隔间，取决于园区所在的城市，并且从某种程度上来说，还取决于创始人来自哪里。90年代，苹果公司在丘珀蒂诺（Cupertino）所建的办公区就是二者的混合体，员工会以何种方式办公完全取决于被分配到哪栋办公大楼。办公室或小隔间的人工饰物之所以能被视为一种强有力的文化标志，之所以能反映出创始人对生产力、隐私、协作等所持的观念和态度，原因有很多。贝塔公司的问题在于，进入21世纪以后，私人办公室在技术文化中究竟在多大程度上"不可动摇"。

2002年，不少网络公司在市场变革中纷纷破产倒闭，因此需要贝塔公司继续提供网络服务器等产品的客户所剩无几。互联网泡沫的破裂不仅影响了贝塔公司的网络服务器业务，而且影响了其与资本市场相关的业务，因为它的很多大客户都是银行，这些银行均受到投资网络公司惨遭失败的影响，从而不得不削减后续在贝塔公司购买大型机和其他高性能服务器系统等IT设备的预算。对整个行业来说，这是一个低谷时期，它影响了如128公路高技术区（Route 128）和硅谷等技术中心的许多公司和员工，无论大型科技公司乐意与否，变革都势在必行。

如果将互联网泡沫破裂视为贝塔公司所面临的逆风，那么由此带给贝塔公司和其他网络基础设施公司的生存挑战，实际上同样可以被视为推动它们变革的强大顺风。

和其他许多知名的IT产品和服务提供商一样，1995—2001年历经人们对互联网的兴趣激增，贝塔公司的成长不说是要风得风，也可谓十分顺利。在经历了长期稳定的经营收益和员工人数增长之后，互联网泡沫的破裂促使贝塔公司不得不重新思考其业务，并从根本上产生了生存焦虑。互联网泡沫破裂后，许多潜在的客户随之消失，而对依然存在的部分客户而言，贝塔公司的固定成本太高，需要削减优化。

这种生存焦虑给高级领导层带来了变革的驱动力，一些大型整合措施纷纷出台，员工虽然极不情愿，但仍然视之为必要措施而接受了，至少在理念上是接受的。由于整个行业的境况都极为艰难，所以大部分员工也都认为变革是势在必行的。对于科特变革模型的第一步——营造紧迫感，贝塔公司的领导力阶层要做的只是向员工公开公司现状。随着大幅裁员，这种紧迫感达到了顶峰。

应当指出的是，贝塔公司的一个变革过程是以裁员告终的。而在裁员之后，公司依然面临财务危机和生存危机，因此在战略上仍需推行变革计划。贝塔公司从创立伊始成长到21世纪初，这几十年中都未曾发生大幅裁员的情况，这一直以来都是公司引以为傲的事情。然而，在2002—2003年的严峻形势下，每名员工都不得不接受公司必须缩减人员这样一个事实。公司淘汰了许多岗位，而那些留下来的员工普遍表现出对公司的感激之情，并认识到整个行业的处境都十分艰难，因此公司迫切需要整顿。

从"1.4"到"0.9"

21世纪初，贝塔公司正处于一项长期的房地产重组计划之中，涉及花重金投资一个新的标志性园区，其实这可能是出于巧合，但当时看起来似乎并非如此。在互联网泡沫破裂之前很久，贝塔公司就已经构思好了这个硅谷园区的计划，并遵循已建园区的建筑风格，设计成包含走廊、厨房、团队区域和私人办公室的建筑。即便是在互联网泡沫破裂之后，贝塔公司依然保持了以私人办公室为主的模式，个人隐私和生产力都没有受到影响。

但问题在于，移动办公模式逐渐变得流行起来，大家也都普遍接受了居家办公的模式，这一切都导致许多给员工配备的私人办公室经常处于空置状态，这在公司层面来看就有些浪费了。在有些大楼中，走廊两侧是一间间空荡荡的办公室，并且这种情况并不少见，尤其是在大幅裁员之后，这种情况就有点不太正常了。

高管人员，尤其是来自财务和设施管理部门的高管，组建了一个团队，旨在对贝塔公司的成本结构和资产负债状况开展变革，更重要的是，针对公司的技术文化进行变革，使其能反映出宏观文化中的各种变革，比如移动办公和更具弹性的工作模式。贝塔公司主要部门的高管们组建的团队完美地体现了科特变革模型的第二步——"建立变革指导团队"，但显然，财务和设施管理部门的亚文化占主导地位。

这个跨部门领导团队的目标十分明确，他们指出，工作氛围不久将发生重大变革，并且随着时间的推移，可能会给整个组织的文化带来重大变革。公司召开了一系列全体员工大会，向湾区所有或将受到房地产重组影响的员工传达了一个简单的常识性规则，即在公司大幅裁员之后，全球各地所设园区的私人办公室过多，以致公司所需负担的固定成本过高。

据统计，平均每名员工大约占用1.4间办公室。显然，办公室没有得到充分利用，这已经成为所有员工都需面对的问题。为了解决这个问

第 8 章 ▶ 如何应对文化变革的影响

题,贝塔公司提出"每名员工大约占用 0.9 间办公室"的目标。这 36% 的缩减率将由所有员工共同承担,并将给公司带来巨大的影响。这就是科特变革模型的第三步"制定变革的愿景与措施"。贝塔公司提出的目标引发了员工们的焦虑、抵抗和"要求区别对待"等形式的逆风,而且这种情况一直持续至 2005 年前后。

旅馆式办公

一个非常巧妙的社会-技术解决方案,使得"每名员工大约占用 0.9 间办公室"的目标成为可能。员工们初步达成了将办公室的平均占用率从 1.4 降至 0.9 的共识,即使不情愿,接下来也需要在行动上做出变革,去实现这个目标。于是,贝塔公司选择了旅馆式办公模式。每天都需要私人办公室的员工,可以在自己的工作组附近预约一间办公室,这些办公室里都有专用的储物柜用于存放办公物品和个人物品,为期两周,员工可以根据需要决定是否延续。而那些无须使用办公室的人,既不可以预约也不可以占用私人办公室。此外,许多中层管理人员和主管人员每周都会有几天选择远程办公或在家办公,以此支持公司早日实现"每名员工大约占用 0.9 间办公室"的目标。

虽然员工在学习使用弹性化办公室的预约软件时觉得有些难,但本质上这是一个公平而且设计优良的系统。虽然大家都对此抱怨不已,但事实上,在弹性化办公室里办公也没有太大变化,员工依旧可以随意贴宠物的照片或一些荣誉证书。简而言之,在新的园区中,新同事开始以新的方式在办公室里工作,但是实际上,这一切变革措施都未曾触及技术文化中的深层假设。

被分配到新的硅谷园区工作的那些员工成为新办公系统的宣传者，这体现出科特变革模型的第四步——招募志愿者。这个变革触及了与生产力和个人隐私相关的核心价值观。实际上，我们甚至可以认为这个变革增强了与生产力和个人隐私相关的核心价值观，原因有两个：其一，新的办公室和之前一样，都十分注重保护个人隐私；其二，新的办公系统将注意力转移到员工需要完成的任务上，而不再关注员工是否按时上班，这样一来，反而提高了生产效率。然而变革也遇到了一些波折，有一栋办公楼在根据具体要求修建完成之后，效果不甚理想，员工普遍反映4层的所有旅馆式办公室墙壁很薄、隔音效果很差，以至于公司不得不花高价将4层的办公室全部翻新，最后这些办公室的隔音效果甚至比之前其他园区里的办公室更好。

变革领导力团队使出浑身解数来使新的工作模式从各方面优于旧的模式，这体现出科特变革模型的第五步——通过消除障碍来采取行动。他们不仅通过做好隔音和隐私保护降低了客观上的抵抗力，还呼吁全体员工参与进来，为在未来的园区中以新的模式开展工作贡献出了自己的力量。

随着新园区正式投入使用，新入驻的员工开始学习使用办公室预约系统，并逐渐适应了新的工作环境。其间，贝塔公司一直向他们提供相关的培训、支持，并鼓励他们。虽然贝塔公司或许没有广泛地宣传新办公系统，但它有一个额外的激励因素，即员工普遍认为，弹性化的办公室也就意味着弹性化的办公模式，这其实是利大于弊的，这也成为新办公系统在硅谷园区中最有竞争力的优势之一。弹性化的工作模式、工作和生活之间取得更好的平衡，以及无须在湾区上下班高峰期通勤等优势都受到员工的普遍好评。

第 8 章 ▶ 如何应对文化变革的影响

本着获得短期成果和加速变革的精神,即科特变革模型的第六步和第七步,变革指导团队在湾区一系列办公地点内同样推行了旅馆式办公和弹性化办公室,这其中甚至包括总部的一些高管人员的重要办公地点。

在关键的战略性办公地点中,公司还在原有的办公模式中添加了新的小型办公空间,作为特殊弹性化办公室,这使得南北两地的员工可以就近上班,而无须将过多时间浪费在通勤上。我们可以将这一举措视为贝塔公司通过制度巩固变革成果(科特变革模型第八步)的里程碑。随着时间的推移,不仅原有园区通过不断改造实现了从 1.4 降至 0.9 的目标,而且还增加了新的园区,进一步推进了变革的进程、削弱了变革抵抗力(逆风)。

新的系统行之有效,贝塔公司的变革领导者表示,将致力于不断改进该系统。至少在技术文化中,贝塔公司已经有效地改造了物理基础设施、从制度上巩固了变革成果,并已确保所有员工都采纳了新的工作模式。

工作模式的改变,带来公司氛围的改变

日常办公环境的转变,是否在某种程度上触及了公司的核心价值观?由宏观文化变革的顺风所带来的技术文化变革,是否也能带来与之一致的社会文化变革?第一个问题的答案是肯定的,而第二个问题的答案是否定的。

在日常工作中,旧工作模式和新工作模式之间的区别给员工的第一印象,类似于公寓楼和旅馆之间的区别,具体来说就是在公寓楼里,你对周围的住户十分熟悉;而在旅馆里,通常来说,你不认识周围房间的客人。部分工作组特别重视集体预约办公室,这样一来,在特定的工作日,他们就可以与平时熟悉的同事在相邻相近的办公室里工作。预约系统内设有员工的偏好设置,即系统会记录员工经常预约的位置。因此,只要团队有这个需求,他们就可以将办公地点集中到一处。

在最开始的几个星期里,公司的社会文化似乎并未受到任何影响,因为员工仍旧常常会在大厅里进行自发、及时的互动,以此来交流信息并做出决定。在办公室预约系统的使用中,有一些管理人员或者主管十分重视将自己管理的团队安排在相邻或相近的办公室内工作,也有一些管理人员比较随意。但是总的来说,将办公室安排在同一地点并不是每次都能实现的,而且随着时间的推移,刻意这样做的员工似乎越来越少。

未曾预料到的文化变革后果

我们从一名外部观察者那里获知,在这次变革计划明显获得了成功之后,贝塔公司"变得与之前大不一样了"。这个评价并非针对表象,而是在强调贝塔公司同样发生了持续的文化变革,虽然这种变革并不一定从未间断过,但它通常是不可见的。就是这样一个在技术文化中的、积极的、推行得十分到位的变革计划,许多内部员工和外部观察者却认为,它给公司的社会文化带来了有害的、未曾预料到的影响。当然,我们也可以认为,由于大幅裁员给公司造成了一定的影响,公司需要一段

第 8 章 ▶ 如何应对文化变革的影响

时间才能重整旗鼓，所以将公司运营大不如前的责任完全归咎于旅馆式办公的变革是不合理的，即不应认为是这种变革导致了贝塔公司工作组凝聚力的下降，给社会文化带来了不良影响。无论如何，有一种感觉在员工之间逐渐蔓延，即"你永远不知道你熟悉的同事明天会不会在你办公室附近上班"，而随着员工以电话和视频方式参加会议的频率增加，更使这种感觉越发明显起来。

简而言之，这就是在效率和效能之间做选择的问题。贝塔公司虽然通过办公室变革计划更有效地利用了空间，但同时也失去了固定办公地点所带来的效能，失去了固定办公地点上各个相邻的工作组通过面对面的互动做出决策的机会，失去了稳定性，失去了团队成员所拥有的群体归属感。

贝塔公司的风险在于，为了获得明显的效率提升，而以放弃员工自然的归属感为代价，来实现旅馆式办公。私人办公空间得以更好地利用，对贝塔公司的财务方面而言自然是有利的，但如此一来，员工在走廊上偶然遇见并有效地协同讨论的机会就大大减少了。这很可能是一个相当高昂的代价，因为效率虽然提升了，员工却失去了"他们的私人办公室"。

如何对待变革的衍生影响

在面对经济上的生存焦虑所带来的顺风时，高级管理层亚文化，尤其是财务管理部门的亚文化提出，通过强制重组物质资产、提高贝塔公司办公效率的方式来应对。毫无疑问，从"1.4"到"0.9"的变革计划，对贝塔公司的相关技术文化要素产生了直接的积极影响；而办公空间的重新配置，也给贝塔公司的财务状况带来了积极的影响。

一些日常运营产生的费用确实有所削减，这与互联网基础设施的宏观经济状况相一致，互联网基础设施迅速地成为大众化商品，不仅使网络服务器的价格越压越低，同时带来了库存上的压力。公司因面对特定问题或威胁而制订变革计划时，虽然总是将重点放在技术文化中与问题相关的那部分实践操作上，但整个变革计划的成败总是不可避免地给整个组织中的其他亚单位带来影响。

在衡量某变革计划是否成功给某个亚单位（尤其是发起变革计划的亚单位）和亚文化带来积极影响时，很难预料或者观察到该计划给其他亚单位带来的影响。简而言之，即便在一些亚单位中，工作中的实际操作发生了变革，其他亚单位的实际操作也有可能并未发生大的变动。

我们在前面已经提到，贝塔公司与许多其他构建复杂企业计算机系统的公司一样，是一家以工程技术为导向的公司，它非常像美国数字设备公司，但美国数字设备公司比贝塔公司早了10~20年。在贝塔公司，许多工程技术团队逐渐形成了"要求区别对待"的风气，也就是说，贝塔公司中的这些工程技术亚单位总是试图以各种方式避开从"1.4"到"0.9"变革计划。

对需要团队成员紧密联系并自发分享想法以开展工作的团队来说，这个变革计划有害无益，因此团队领导者要求公司对他们区别对待，并指出，这种强制性变革不应运用到他们身上。对某些特殊工程团队，尤其是执行关键任务的团队来说，其工作模式和团队结构都没有发生任何

第 8 章 ▶ 如何应对文化变革的影响

变革。存在太多"区别对待",就会给公司带来严重的影响,因为归根结底,组织及其文化是一个社会-技术系统,其中任何部分的变革都将不可避免地给系统的其他部分带来影响。

贝塔公司的深层基因是工程技术,因此能够抵抗由财务状况所驱动的技术文化变革,但是,坚持这些技术价值观并不能解决整个组织系统的有效性问题,正如之前那名观察者所述,"变革之后,贝塔公司变得与之前大不一样了"。

我们在本章阐述这个案例,是为了强调组织关键亚单位中所产生的细微的、通常难以预料的变革衍生效果。变革通常受组织中关键亚单位的需求所驱动,尤其是高级领导层中的财务亚单位,但也并不总是如此。尽管组织知道,社会文化实践中所发生的变化往往会反过来给技术文化中的工作效率造成衍生的负面影响,通常也会忽视变革给组织整体(尤其是组织的社会文化)带来的影响。贝塔公司在 2005 年前后之所以没能顺利摆脱困境,很可能就是由于这种负反馈给公司造成了影响。

我们可以将贝塔公司旅馆式办公变革计划视为"文化变革",但关键是要清楚地认识到,"对整个组织的文化进行变革"以及"针对某些实践操作进行变革,从而给组织中各种文化元素和亚文化或是刻意或是无意地造成影响,使企业文化能够更好地适应该变革",这两者之间是有区别的。正如我们之前所说,针对实践操作所推行的变革,可能会直接给习以为常的价值观即深层基因结构带来影响,但如果因"面临一个严重的文化问题"而立刻将习以为常的价值观视为变革目标,就有些异想天开了,和"想要回到过去将变革的需求扼杀于襁褓之中"一样不现实。企业架构、文化的基因,以及贝塔公司中和工程技术相关的价值观,都是极难撼动的。针对实践操作所推行的变革,最终将以何种速度、何种方式影响结构,都是难以预料的。

在变革计划之中,我们不仅需要仔细考虑亚单位的反应,还需要仔细思考技术文化中的变革将会以何种方式影响到社会文化中更深层的元素,即人们是如何学会通过建立关系来完成工作任务、维持既有规则的。反学习如何在办公室环境中一起工作,新学习如何在旅馆式办公环境中完成工作任务、解决技术问题,这二者将会给实际工作和产出水平带来未知的影响,而这些衍生的影响在变革计划中通常是难以预料的。

如何降低技术变革带来的社会文化风险

组织内部大多数部门和亚单位都是以一种错综复杂的方式联系在一起的,尽管有时候这种联系就像一个企业的"血管"系统一样并不直观,但变革计划制订者通常凭直觉就能知道。在这个系统中,牵一发而动全身。然而,组织经常会因为受经济状况的驱动,而对变革给社会文化造成的负面影响视而不见,或将这种负面影响视为"为了在技术文化中迈出积极的一步而必须承担的风险"。

在贝塔公司的案例中,针对局部开展的变革过程即便没有影响到企业文化基因——工程技术文化,最终也不可避免地影响到了整个系统,这一点在外部人员看来是十分明显的,并最终导致贝塔公司虽然在财务状况上获得了短期的积极成果,但各亚单位之间的凝聚力和协调性大幅降低,整个公司的系统变得十分脆弱。当宏观的技术或经济力量驱动推

第 8 章 ▶ 如何应对文化变革的影响

行技术变革时,事先假定社会文化能够适应技术文化中所推行的任何变革,是不是工程技术文化的盲点之一?如果是的话,这就意味着,组织可能需要认真考虑,如何确保在董事会和高级管理层成员中涵盖各种职业的亚文化,从而进一步确保最高管理层拥有真正意义上的社会 - 技术文化意识,以降低技术变革计划带来的社会文化风险。

阿尔法电力公司与贝塔公司的对比

阿尔法电力公司和贝塔公司所面临的宏观问题在本质上相同,但它们的经历从不同侧面反映了文化变革领导力的核心问题之一。两家公司的经历都揭示出,在决定变革计划的目标和过程中,某个职业或部门的亚文化有时能起到极其重要的作用。当领导班子成员以工程技术亚文化或/和财务亚文化为主导时,社会 - 技术问题就容易遭到忽视。

在阿尔法电力公司的案例中,尽管该公司做出巨大努力,推行了与环境、健康和安全问题相关的巨大变革,但外界仍认为其文化过于专制,并且与利益相关者和工会的联系不够紧密。在贝塔公司的案例中,宏观市场的低迷迫使公司不得不大幅裁员,并随后在办公空间和技术工作场所方面推行变革,以应对破产倒闭的威胁。

阿尔法电力公司和贝塔公司都存在一个问题,即从自上而下的单个角度来看十分成功的变革计划,由于它们并未真正改变公司技术文化中的关键生存元素,所以对阿尔法电力公司而言,我们也就无从判断变革计划对社会文化造成的影响是否足够;而对贝塔公司而言,我们也同样无从判断变革计划给社会文化带来的负面后果是否值得。阿尔法电力公司依然未能解决与工会和监管机构之间存在的一些根本性问题；而贝塔公司则未能发展出有效的产品战略，以至于未能经受起其核心市场的剧烈变化。通过阿尔法电力公司的案例，我们认识到，为了通过文化变革来摆脱监管机构的枷锁，使公司成为一个自由的公用事业公司，关键在于改变领导班子亚文化中的基本规范；而对贝塔公司而言，不仅需要降低成本，还需要认识到公司为了应对生存问题，可能已经损害了其在社会文化变革和技术文化变革之间保持适当平衡的能力。

在大型的复杂组织中，试图在不影响社会文化的情况下推行技术文化变革几乎是不可能的，因此，事先考察社会文化变革将会助力还是阻碍在技术文化中所需的生存变革，就变得至关重要。向外要面对极具动荡性、不确定性、复杂性和模糊性的市场，向内要面对日新月异的组织内部现实，因此，对组织越来越重要的是，必须同时考虑变革措施及与其在系统中相互影响的事物给社会文化和技术文化造成的影响。

The Corporate Culture Survival Guide
文化变革领导力清单

1. 应用科特变革模型的 8 个步骤：
   ① 营造紧迫感；
   ② 建立变革指导团队；
   ③ 制定变革的愿景与措施；
   ④ 招募志愿者；
   ⑤ 通过消除障碍来采取行动；
   ⑥ 获得短期成果；

⑦加速变革；

⑧通过制度巩固变革成果。

2. 影响文化变革的 3 个方面：

①亚单位的反应；

②技术文化中的变革将会如何影响社会文化中更深层的元素；

③变革措施及其在系统中相互影响的事物给社会文化和技术文化造成的影响。

第 9 章

如何处理跨文化问题

▶ 测一测你的文化变革领导力

1. 文化合并的方式包括以下哪几种？（　　）（多选）

   A. 分离
   B. 冲突
   C. 统治
   D. 融合

2. 关于文化智力的评估，下列选项说法正确的是（　　）

   A. 可以通过文化智力评估，来确定最高管理层人员
   B. 可以通过文化智力评估，来筛选跨文化任务的候选人
   C. 可以通过观察员工的价值观念，来进行文化智力评估

3. 如果在跨文化沟通中，沟通双方都误认为"我们已经相互理解"而导致沟通效果大打折扣，那么，他们应该如何做才能达成有效沟通？（　　）

   A. 邀请第三方介入协调
   B. 说服对方遵循自己的工作方式
   C. 创造一种文化岛屿情境，发展出一些新的沟通规则

第 9 章 ▶ 如何处理跨文化问题

在本章中,我们将回顾在多元文化合作中出现的一些主要问题。在过去的几十年中,诸多研究人员已针对此类问题开展了大量研究,并编写了许多书籍来阐述如何应对跨文化和多元文化的问题。因此,我们将重点放在了如何识别、判断该领域出现的主要问题上,同时还根据我们的咨询经验提供了相关案例。在本章的结尾,我们提供了一个非常实用的"对话"过程,以此为切入点,能够在跨文化环境中实现更优质的交流。但凡涉及企业合并、收购、合资,或来自不同文化背景的成员组成一个新的团队时,都会发生不同文化彼此相遇的问题。当企业间进行合并时,通常会致力于将两种文化融合,而不是选择其中一种视为主导文化。当企业间进行收购时,被收购方通常会成为亚文化,融入收购方的大文化背景之中。当企业间进行合资时,新的合资企业必须从头开始将两种文化整合,以形成新的文化。在跨职能的团队协作中,由于团队成员来自不同亚文化,因此,可能需要在不以任何亚文化为主导的前提下,找到一个协同合作的方式。

新型合作方式带来的挑战

如今,全球零工经济的市场规模越来越大,各种临时组织或专设组织也与日俱增,这就导致了一系列前所未有的跨文化问题。

新型团队的成员之间合作是单次的,任务完成之后不会有后续的互动;团队内的核心成员可能会参与较长一段时间的合作,但其他成员可能仅在"有需要"的时候偶尔出现。此外,在合作时,新型团队成员可能会不时地经历协作程度较高、互动较频繁的阶段,而在其他阶段,新型团队成员可能是独立完成任务。许多合作团队并未被纳入某个特定的组织环境之中,而是代表了跨组织的合作,而且部分团队成员可能不属于任何组织。团队成员可能会觉得,虽然在某个期限内,大家都以完成特定项目为共同目标,但很少有人会认为大家属于一个团队。新型团队成员之间可能从未谋面或来自天南地北,并且主要通过通信设备沟通。因此,与传统团队相比,新型合作团队的结构更加松散、更具临时性、流动性更高,并且通常需要借助电子设备来沟通。

不论是从成员的国籍还是职业背景来看,上述工作组本身就具有多元文化,因此,团队内出现的文化问题也与前文所探讨的文化问题有着根本性不同。在前文中,我们分析了在某个组织中,由某些亚单位的成员所发起的文化变革会影响到其他亚单位的成员,并且进一步触及整个企业的文化元素。而在本章所探讨的情况下,任何特定的部门、项目团队、特别工作团队或指导委员会的成员都有可能具有不同的宏观文化和企业文化背景,这从一开始就为出现沟通、合作、决策和工作表现等潜在问题埋下了伏笔。在医院手术室里,外科医生首次与其他科的手术团队成员合作的情况并不少见,其中包括麻醉医师、外科护士、外科住院医师、一名或多名手术技术员等,虽然成员们都具有不同的宏观文化背景,但是他们必须迅速组成一支运作良好的团队。

本章与前文所讨论情况的共同之处在于,都涉及组织内部不同亚单位之间的误解,还都涉及团队内部存在多种职业文化和宏观文化而导致的潜在问题和冲突。两种文化在突然合并的情况下之所以会发生冲突和碰撞,是因为两家企业的成员都在原文化中习得,只有从他们自己的文化角度出发,才是理解、感知和处理日常工作事务的唯一"正确方式"。一种文化可能会对另一种文化存在一些看法和偏见,归根结底,两家企业的成员都认为,只有自己的文化才是始终"正确的"。

实际上,相比前文所探讨的文化变革问题,使跨文化组织、项目、合资企业和团队有效运作,可能是一项更大的文化挑战,因为这个过程涉及在新的组织或团队中创造新的文化,同时还需要在新团队或新合作中,影响和改变某些成员所持有的文化观念。我们首先以合资企业为例,来探讨一下两家企业的企业文化是如何成为一个整体的。

文化合并的 4 种模式

对跨国合资企业的一些早期研究表明,文化合并大致有 4 种模式,每种模式都可行,但也都导致了企业不得不解决的特殊问题。对企业合并以及建立其他类型的联合文化伙伴关系而言,文化合并可采用下列 4 种模式:

- 分离(separation),在完成工作任务时,一种文化中的成员都无须与另一种文化中的成员展开互动；

- 冲突（conflict），两种文化出现竞争态势，都试图证明自己优于对方；
- 统治（domination），其中一种文化强加于另一种文化之上；
- 融合（blending），合并后的组织取两种文化中的"精华"元素。

一家合资企业很好地说明了分离模式。在这家合资企业中，加拿大母公司会经常以公务便条的方式下达各种重要指示，而整个意大利子公司的员工都选择了忽略这些指示，因为在他们看来，凡是重要的信息，就必须由加拿大母公司派人来意大利亲自沟通。并且在他们看来，以公务便条的形式下达重要信息是对他们的不尊重，因此他们将此类信息均视为无关紧要的信息，不予以重视。加拿大母公司无法"解释"清楚，为什么全体员工都应将书面指示视为重要信息，并严格遵守执行。令人惊讶的是，造成误解的原因持续了很多年才被揭开。

大量高科技初创企业的成立和并购充分地说明了冲突模式。在此类案例中，最可能出现的文化冲突问题均涉及员工对权威的态度，尤其在年轻企业或第一代初创企业中最明显。例如，在B公司收购A公司的案例中，被收购方A公司的创始人一直认为，"激发员工的主动性并始终秉持平等的态度才是公司的成功之道"；而收购方B公司则由一位行事作风极为专制的企业家经营，他要求员工做到纪律严明、行事规范。B公司希望将A公司的技术人才和管理人才收入麾下，然而在收购后的一年之内，A公司的大多数骨干管理人员和工程师纷纷选择了辞职，因为他们无法适应B公司的专制化管理风格。这位行事作风极为专制的企业家对这种情况百思不得其解，因为在他看来，两家企业技术文化的一致性将会促使社会文化自动融合。

统治模式通常会出现在下述情况中，即当母公司或者收购方派出高管人员直接空降到被收购方，以接手管理被收购方，结果却发现被收购方对他持抵抗态度，类似于前文中意大利子公司对其加拿大母公司所表现出的抵抗态度。似乎有些母公司深谙此道，采取了各种方式避免这种情况的发生。例如，当索尼收购德国的一家小型无线电公司维佳（WEGA）时，索尼决定保留整个维佳公司的管理层，并且只在该公司安排了一名来自日本的高级财务经理。

同样，通用电气公司在收购了一家有着悠久家族传统和文化的意大利制造公司之后，坚持在这家子公司中使用通用电气公司的财务和会计系统，但是在其他方面，子公司可以自行运营。一些当地研究人员提出了一个有趣的假设，即在商业领域，每个人都接受财务和会计文化的普适性，因此，被收购公司往往将母公司在财务和会计这项技术领域中的"统治"视为"合情合理的"。

这些研究人员还观察到，在这家子公司中，员工对公司的所有技术文化都感到十分自豪，因此，对于通用电气公司任何形式的统治，子公司的技术流程都体现出极为强大的抵抗力。迫于无奈，他们接受了通用电气公司的会计系统，并在经过几年的接触之后了解了会计系统的优势，于是他们开始对通用电气公司如何管理子公司的其他职能产生了兴趣。好奇心促使他们逐渐采纳了通用电气公司的许多其他文化规范。这个案例使研究人员提出了一个有趣的假设，即在所有企业合并的情况中，都应立即强制采用单一财务和会计系统，至于其他的文化规范，应让两家企业的员工"自行发现"，而非由公司强加给他们。

融合模式有时需要借助情境压力来得以实现，下面我们将以一家总部位于美国的美德合资企业为例加以说明。在这家合资企业中，两家母公司决定针对"对方的企业文化"为员工提供跨文化培训，并且在财务预算中纳入了一项为期一周的"探索式课程"体验，以帮助两家企业的员工建立起更深厚的联系。

然而，最初计划的"探索式课程"训练被取消了，因此，当两家企业的员工刚开始在工作中产生互动时，他们的看法受到了最初形成的刻板印象的严重影响，而这些刻板印象均来源于在原公司所接受的文化培训课程。例如，一方面，在试图设定生产指标时，刻板印象所带来的负面影响就展现得很清楚——德国员工认为美国员工给出的数字虚高，因为他们在课程中获知"对于美国人上报的预算和目标，总会出现虚高，因为他们认为高层领导会进行削减"。

另一方面，美国企业又在其课程中警告员工："德国员工给出的预期生产量总是过于保守。"双方都试图给出比较准确的数字，但由于刻板印象，他们完全不信任对方所给出的数字，这就导致大家很难获得较真实的生产预算。两家企业的员工为了不冒犯彼此，都没有将此事公开。虽然两家企业的员工都会向研究人员抱怨此事，但他们一致认为此事不能在会议上公开探讨。两家企业的员工在合作时，都保持着第一级"专业距离"的业务关系，并且对彼此的印象也与他们之前在培训课程中所习得的印象没有什么区别。

最终，是合资企业面临的商业危机促成了两家企业的文化融合。合资企业问题重重，不仅生产量远低于两家母公司的预期，还出现了未曾预料到的劳工问题。在出现了这些问题之后，美国母公司换掉了一批骨干管理人员,要求新的管理人员尽快"解决问题"。德国员工和美国员工发现他们不得不开始在新的学习过程中展开合作,这使他们开始以一种更加个人化的眼光而非刻板印象来看待彼此,从而进一步将双方关系推进到第二级。一旦彼此开诚布公,双方很快建立起了信任,这使得他们能够更加坦诚地探讨应当如何应对此次商业危机。然后,每当出现实际问题时,他们就会分情况采用最恰当的文化理念来选择解决方案。在劳资关系领域,德国员工最终采纳了美国企业的许多做法,而在技术领域则正好相反。合资双方均采纳了一些对方公司的优秀做法和精华理念,逐渐形成了新的工作方式。

在此类案例中,我们可以猜想一下,在两家企业合并之前,为员工提供"探索式课程",强制他们在非工作环境中展开合作,是否会对他们未来的合作有所助益。我们认为,此类培训计划会改善员工之间的非正式交流,但至于他们回到工作环境之后,此类计划能否帮助他们克服刻板印象,还很难说。在本案例中,实际上是员工共同应对的危机,使他们瓦解了原有的"专业距离"业务关系,而在此之前,他们并未觉得这种关系有何不妥。

无论如何,"教育"员工"对方的企业文化是什么样的"很显然只能在肤浅的社会礼节和规则上有些效果,例如如何做到不冒犯对方员工等,但实际上,对那些在合并之后需要两家员工深度合作的工作组来说,此类培训反而加深了彼此的刻板印象,使合作变得更加困难。

当来自多元文化的多个工作组既没有太多时间互相了解,又需要合作完成某项任务时,让员工正式学习其他成员的文化背景同样是毫无作用的。当团队中包含3种或更多种文化背景的成员,并且可能需要在第四种不同的宏观文化中开展工作，或者团队中的各个成员根本不在同一地点时，很难预料合作中将会出现何种文化问题。

例如，巴西的一家大型化学公司由巴西子公司、德国子公司和法国子公司合并而成，在合并之后，出现了以下尴尬局面。合并协议规定，巴西化学公司的董事长职位将由3家子公司的合伙人轮流担任。现在轮到德国子公司的原董事长接任。他制订了一份极详细的工作计划，并根据每项任务实施的具体时间做了整理，然后在第一次召开董事会会议时，他很自信地提出了这份工作计划，以期尽快执行。

当这份详细的工作计划分发到各位与会人员手中，现任董事长开始讨论第一项任务时，参加会议的巴西成员突然集体大笑起来。原因是他们认为将工作任务细化到这种程度简直有些荒谬。同时，他们哄堂大笑的行为也体现了巴西文化中对待权威的态度与德国文化之间的差异。这位来自德国的现任董事长不仅要面对嘲笑带来的尴尬，还要面对自己对新董事会的规则一无所知这个事实。很显然，具有多元文化特点的新董事会沿袭了巴西文化中的随意性。

在新成立的多元文化团体中，对与权威问题相关的规则和规范有误解，可能是最常见的问题。如果你认为这只是一个国别问题，那么不妨思考一下在同一国家之中因不同职业亚单位的不同规范所引起的问题。

美国国家航空航天局在发射"挑战者号"航天飞机之前，工程技术部门就曾明确提出，O型橡胶圈在低温下会存在安全隐患。当工程师试图与管理层沟通时，他们的担忧并没有引起管理层的重视，因为在管理层文化规范中，对成本控制、发射计划以及政治方面的承诺才是重点，数据不是管理层关心的内容。几年后，类似的情况又发生在"哥伦比亚号"航天飞机事故中。在发射过程中，外部燃料箱表面的泡沫材料脱落，击中了隔热瓦，而当航天飞机在重返地球时，由于隔热瓦已经受损，所以高温空气冲入并融化了内部结构。在"哥伦比亚号"进入轨道之前，工程师提出仔细地拍照检查整个机身，以确定是否存在受损的隔热瓦，然而重视飞行任务的管理团队同样对这一提议予以了回绝。

对重大安全事故的研究给我们提供了许多案例，这些案例表明，有些跨文化交流看似准确，实际上却是致命的。其中，最明显的案例是，某外国航空公司的一架商用客机在快要抵达布鲁克林机场的跑道上时突然坠毁，原因是飞机的航空燃料已经用完。事后经调查发现，机长已命令副机长告诉地面控制塔"我们的航空燃料已经用完"，副机长反复传达了这一信息，但地面控制塔没有给出任何立即着陆的指令，原因是塔台调度员常常遇到几架飞机同时称"航空燃料已经用完"的情况。为了获得优先着陆指令，飞行员必须说他们遇到了"紧急情况"，而这些外国飞行员并不知道这个规范。随后，我们从一名前空军和商业飞行员那里获悉，即使是知道这一点的飞行员通常也不愿意使用"紧急情况"一词，因为一旦使用该词，公司将对他们展开一系列后续调查，以了解为什么会出现燃料不足等问题。

西方医疗体系中涉及患者安全的相关事项也能很好地说明上述情况。部分医疗保健组织需要与来自不同文化的患者打交道，而这些患者受其文化影响会对如何处理医疗问题持有不同的标准和价值观。在这种情况中，我们不仅发现，医生在下达医嘱、开具处方时会遇到语言沟通障碍，还发现有些患者可能会因认为医生开具的药物有害而私下拒绝服药。诊疗某个患者的医疗团队成员同样可能来自不同国籍的不同宏观文化，他们也必须共同学习如何有效沟通，以确保不会因沟通失误而对患者造成伤害。

对于了解如何才能更好地处理跨文化问题和跨职业问题来说，与患者安全相关的事宜一直都是其强大的推动力，因为此类事宜促使人们思考：我们是否需要做更好的初步筛选？是否需要开展不同类型的教育或培训？是否需要提升领导力水平？是否需要采取更优质的共同学习过程？

最初的筛选考察"文化智力"

我们能否评估"文化智力"，以初步筛选高分获得者并将他们派往多元文化团队的工作环境中去？"文化智力"是否类似于情商？一些学者已经开发并验证了一种自我管理量表，该量表主要用于评估人们认为自己有多想要了解其他文化、有多愿意去发展与其他文化打交道的技能。

如果组织拥有足够多的职位候选人，并且对他们所申请的职位而言，使用该量表没有不妥之处，那么该量表将会是一个相当有用的工具。但是，在选拔最高管理层人员时，该量表可能并不适用，因为对最高管理层而言，对行业的了解程度可能更加重要。初步筛选"文化智力"的另一种方式是，选择有实际跨文化工作经验的员工。显然，如果能知道需要经常处理跨文化事宜的高层管理人员是否拥有跨文化环境的外派经验，那么往往就能更好地预测他们在工作中的表现。

判断员工是否具有"文化智力",还有一种不明显但可能更有效的方式,即观察他们在涉及不同职业文化的环境中的行为表现。例如,在一个产品研发团队中,团队成员分别来自市场部、生产部和工程部等,他们是否准备好去努力尝试理解彼此的观点?你可能会发现,如果一名工程师对来自市场部成员的意见很感兴趣,那么,他很有可能对其他国家或另一种宏观文化也很感兴趣。

提供知识和培训

研究者围绕不同国家及其文化之间的差异开展了大量研究,其中霍夫斯泰德对 IBM 所有部门的大规模多元文化调查影响最广泛。对于将要执行外派任务的管理人员和员工,如何通过教学和培训的方法使他们熟悉目标国的文化规则,市面上已经有了大量的相关书籍和培训项目。这种方法认为,了解其他文化能够减少沟通障碍、提升合作效果。但是,我们从索尔克(Salk)对合资企业的研究中已经看到,这种培训很容易导致刻板印象的形成,反而增加了沟通障碍。

这种方法还存在一个问题,与组织内部开展文化评估时所遇到的问题类似,即除非聚焦于具体问题,否则,由于目标国文化的信息可能十分宽泛且缺乏重点,所以了解此类信息的作用并不大。比如,在之前的例子中,即使事先知道巴西人行事作风较随意且崇尚平等,那位来自德国的新任董事长也可能依然会在第一次董事会会议上闹笑话。

但是,如果事先审查研究董事会的工作风格,也许就能发现,受巴西文化的影响,来自巴西的管理人员将不会有耐心正襟危坐地听完整个工作议程。相较测试或调查而言，在真实或模拟的情境中所观察到的行为，将能更加准确地揭示宏观文化差异。

另外一个更大的问题是，事先开展有关其他文化的培训，将会导致员工积累无意识的认知偏见。不妨试想一下下面这个直白的例子："了解日本人一般的行事风格和价值观"，并不能保证那名日本成员会在你的团队中以与大家相同的方式行事。此外，即便该日本成员的行事风格确实验证了你事先形成的刻板印象，这种程度的了解可能只会有助于你避免做出严重冒犯他人的行为，但对提升双方的沟通质量仍然毫无帮助。当然，了解在其他文化中何种行为和态度会冒犯到他人是很重要的，但这对于建立起良好的工作关系还远远不够。

积极发挥谦逊领导力，让学习者参与进来

在多元文化部门中，在以下两方面积极地发挥谦逊领导力的作用是至关重要的：①部门的负责人或领导者必须想方设法使员工围绕需要执行的任务公开坦诚地交流；②部门的负责人或领导者必须构建良好的工作氛围，并确保自己的权威不会成为部门内部沟通的障碍。所有事情，甚至是领导者做得不对的事情，都可以开诚布公地向领导者反映。下面是一些鲜明的例子，这些例子同样来自跨职业团队而非跨国团队情境。

例如，有一项新的微创手术方法能够应用于心脏外科手术，但需要外科医生、麻醉师、监测体外循环设备的灌注员以及护士之间实现更加紧密顺畅的协作。我们发现，医疗团队最终能否成功采用这种微创手术

方法，取决于外科医生即团队领导者的最初态度。

能够组建优质团队的领导者通常具有以下特点：公开表明团队成员之间需要互相依靠；通过与团队其他成员一起参加模拟培训来淡化彼此之间由职级带来的隔阂；当团队中有成员发现更加有效的工作方法时，鼓励他们相互指导。

领导者处于权威地位，因此他们最有可能在无意间切断团队内部的交流渠道，而在那些本来就鼓励"尊卑有别、上下有序"的宏观文化中更是如此。正如来自日本的一名管理人员很难开口向一名教授反映问题一样，一名护士或技术人员也很难向一名高级外科医师反映问题。能否在团队中营造良好的氛围、使团队成员获得心理安全感，从而实现开诚布公的沟通；能否通过鼓励和奖励成员们给出反馈和分析，来强化他们向上级反映问题的行为，都取决于团队领导力阶层的行为和态度。

在团体内部营造一种开放坦诚的交流氛围，有时需要借助一些能刻意模糊成员之间身份界限的特殊事件。例如，瑞士一家大型化学公司每年都会举行一次为期3天的高管人员年度会议，年会举办当天的下午通常都是组织所有与会人员参与一些偏门的运动项目，比如弓弩射击项目或者"击球"项目——在击球项目中用于击球的棒头与棒身之间连接了一条软皮带。由于大家都不熟悉这些运动项目，所以所有人的成绩都相差无几。所有人在经受了这一番令人颜面尽失的"羞辱"之后，再共同参加一场非正式的晚宴，宴会的席位是随机安排的，以使职级不同的人能够坐在一起。通常，大家很快就会开怀畅谈起来，而且许多下属在这种场合中找到了与上级沟通的方法。

一般来说，现代企业对于提供"集中培训"、"探索课程"以及类似的非正式团建活动可谓是轻车熟路。毋庸置疑，在设计这些团队集体活动时，要特别注意团队不同维度的宏观文化差异。并非每个人都乐意参加"买酒一日游"，有些团体成员可能周末只愿意和家人待在一起，或者给自己"补充点精神食粮"。这并不是说，在制订计划之前，你需要针对全体成员对集体活动的偏好再做一次极为详尽的调查。我们在之前探讨变革时所说的"让学习者参与进来"这一原则无疑在此处也是适用的，即在实施某个拟定的培训或指导方式之前，应事先向来自其他宏观文化的成员询问清楚这些方式是否适合他们。

工作前与工作中的联合学习

现在回到医疗团队的话题，那些成功习得了新的手术方法的心脏外科手术团队通常都接受了联合培训；而那些觉得新的手术方法实际操作起来非常困难的手术团队则大都是一些临时组建的团队，团队中的成员虽然都是来自各个领域的专家，但他们并没有参加过任何联合学习。所以说，一开始是高级外科医生的积极态度促使成员参与联合学习，而正是因为团队成员共同拥有的实际操作经验，使得来自不同职业技术文化的成员相互了解，从而形成了可靠的沟通模式。

在一个跨国团队中，这种联合学习可能具有更加重要的意义，因为这样的团队必须同时面对民族文化和职业文化两方面的差异。显然，如果团队成员具有不同的文化背景，那么受将所有文化融合在一起以形成一种新的共同文化，最有效的方式可能就是联合学习。

第 9 章 ▶ 如何处理跨文化问题

流程审查，团队的主要学习机制

一旦开始工作，多元文化团队就需要在其日常工作中增加定期的流程审查、后期检查以及其他机制，以此来联合审查、分析团队的工作状况和流程。流程审查是团队的主要学习机制，因为通过这个过程，团队成员能够观察到彼此基于文化的反应，并相互调整。

这一过程同样需要在团队负责人或领导者的带领下实施，领导者必须先定下基调，团队成员才能自由地分享他们所观察到的事物以及对此的看法，即便他们的看法涉及对上级甚至是领导层的批判，也是如此。如此一来，不同的文化风格可能会展现出各自的特点，团队也就可以对各种文化特点进行分析，并且在必要的情况下，以此为基础构建新的文化规范。军事单位通常会在演习或其他训练活动结束后，进行此类"行动后期审查"。

总而言之，单凭对自身文化以及其他文化的评估，并不能达到使跨文化成员之间形成有效沟通的目的。学习彼此的语言或采用一种通用语言当然是必不可少的，但除此之外，成员们的跨文化学习最好在工作环境中展开，因为只有在实际工作环境中出现的常见工作问题，才可以有效指导学习过程。再次强调，文化分析只有在团队成员面对共同的问题时才最有效，因为此类问题是团队领导者和新组建的团队所共同面对的逆风，所以大家也理应集体采取应对措施。

虽然我们已经在前文中描述了种种机制和措施，但依然存在一种陷阱，即多元文化团队的成员会很快产生一种错觉，认为彼此已经能完全理解对方了。为了消除他们的这一错觉，我们需要采取一种更具影响力的方法，来使跨文化团队成员相互理解。

文化陷阱，"我们已经相互理解"的错觉

我们在前文中所探讨的种种跨文化情境都有一个共同的问题，即如何使来自不同职业文化、不同技术文化或不同民族文化的成员实现有效沟通。跨文化沟通的第一个陷阱也是最危险的陷阱，就是团队成员过于自信，误认为彼此已经相互理解。如果团队成员之间有语言障碍，那么大家都很清楚彼此无法理解，进而赞成沟通时需要口译员这一观点。但是，如果组织或团体使用同一种语言，但因职业不同而导致词汇库不同，那么成员之间产生误解的可能性就会很大。

对产品研发团队的研究表明，团队成员之间由于职业文化不同，很容易产生误解。例如，产品研发团队一致认为，他们能否最大化地捕获"客户信息"将决定他们的工作是否高效。他们认为已经掌握的客户信息足以使他们开展产品研发。然而，实际情况却是，工程师将"信息"定义为"客户对采纳技术解决方案所需掌握的知识"；研发团队的制造人员将"信息"定义为"客户是如何使用该设备的"；市场销售人员将"信息"定义为"潜在的客户规模有多大"；规划人员将"信息"定义为"客户愿意为设备支付多少费用"。只有当整个产品研发团队解决了上述问题，并认识到来自不同职业文化的团队成员对简单的"信息"一词的理解居然有如此大的差异，他们才可能研发出真正满足客户需求的产品。

企业间在筹划合并、收购、合资和合作等项目时，通常要以外部条

件是否合适为依据，如产品和市场的匹配程度。同时，企业双方还需坚信：双方成员会相互示好，业务互补性会进一步促进双方成员展开交流，使他们愿意为更好的合作做出必要的调整。然而，为了向对方示好，成员们通常会倾向于夸大彼此之间的实际了解程度。

在跨文化的工作环境中，团队成员之所以会夸大相互理解程度，可能是为了避免"不被人理解"的痛苦。如果企业安排你和另一个组织的成员合作，而你们之间从未一起共事过，那么你们就需要从头开始建立身份认同，这个过程将会十分困难。但如果你们假设彼此的基本情况比较相似，然后在这种假设的基础上开始合作，整个过程就会变得更加容易。当然，你们在后来的合作中可能会突然发现彼此的工作方式和沟通方式存在着巨大的差异。

而此时，往往又会出现跨文化沟通的第二个陷阱：我们通常会坚持并证明自己的行事方式是正确的。一旦工作上出现分歧，我们就会突然觉得自己的方式非常合理，而且根本无法理解为什么对方会想要采取不同的方式来处理问题。此时，如果对方坚持采用与我们不同的工作方式，那么我们很有可能会极力劝说对方，并形成一种"对方的工作方式简直毫无可取之处"的刻板印象。

一旦形成上述情况，就会揭示出跨文化沟通的第三个陷阱：我们之间的分歧和刻板印象毫无回旋的余地。如果既不想冒犯对方，又不想贬低自己，我们就无法做出妥协和让步，无法客观地审视自己的观点。于是，我们只有继续维持相互理解的假象，最终导致合作的效率大打折扣。

想要避开这些陷阱，就需要构建一些新情境，并在此类新情境中发展出一些新的沟通规则，既要保证成员之间能够开诚布公地讨论，又要保证对误解的讨论不会使任何人失了"颜面"。只有通过创造一种我们称之为"文化岛屿"的情境，并在这种情境中展开对话，才能有效构建起新的沟通规则。

文化岛屿，构建新的沟通规则

除了到目前为止我们所探讨的全部机制和措施，我们认为，在工作环境中还需要通过构建临时文化岛屿，来解决来自不同文化和行业的成员之间的沟通问题。在文化岛屿情境中，对于或将给工作带来负面影响的潜在文化差异，成员们必须直面问题并公开讨论。在此类情境中，我们需要教会参与者掌握"对话式"技巧，以使他们能够快速了解应如何处理在工作环境中由文化差异带来的两大主要问题：

- 在跨级别、跨阶层的职位中，如何定义权威、处理与领导阶层的关系？
- 在团队中，我们如何才能知道能否真正地信任彼此？

在新组建的多元文化团体中，围绕如何定义权威以及如何处理与领导阶层的关系，由相关规则和规范所产生的误解可能是最为常见的问题。如果你认为这种情况只出现在跨国团体中，那么不妨思考一下所属职业不同的亚单位因其职业规范不同而导致的种种问题。对合并、收购或合资企业而言，其工作计划通常受到更为明显的组织特征所驱动，如共享的或兼容的技术、共享的业务目标、财务兼容性、共同市场和产品协同效应等。

当两个组织发现它们实现目标的方式可能极为不同，并且与业务流程和人事流程相关的深层假设实际上与对方背道而驰时，常常为时晚矣。企业之间的结合，可能会因它们的技术文化无法相容（即两家企业的使命感和深层的技术根源有着本质差异），以及它们的社会文化无法相容（即两家企业的信念和风格迥异），而遭受巨大威胁。事实是，在收购、合并或合资企业中，与双方的财务体系、产品以及市场无法兼容一样，如果双方的文化无法相容，那么也将带来巨大的风险。

因此，想要解决多元文化的问题，就需要创造一个团队情境，在这个情境中，成员们能够充分开展与任务相关的合作，从而使整个团队能够履行其基本职能。同时，在执行任务的过程中，对于来自不同职业的亚单位所拥有的技术文化基本假设，如领导权威或事项的优先等级等，既不可视而不见，也不可予以否定。

对话过程

对话是一种谈话形式，它能够使参与者在充分放松的情况下，思考其思维过程中隐含的深层假设。开展此类对话，并非为了迅速解决问题，而是试图以减慢对话速度的方式，使参与者有足够的时间来反思自己和他人所说的话。开展此类对话的关键在于，要能创造出一种让参与者感到足够安全的情境，使他们觉得无须立刻驳倒对方、无须立刻澄清他们所说的一切、无须在他们持不同意见时立刻质疑，让他们能将这些念头通通暂时搁置起来。正是由于在常规对话形式中引入了这种"搁置"机制，同时鼓励参与者反思自己和他人的发言，才为构建所谓的文化岛屿创造了条件。

在对话过程中，如果有人发表了一些你无法认同的观点或言论，"搁置"就意味着你不会立刻表达出自己的异议，而是扪心自问——为什么不同意对方的观点，以及是何种深层假设让你产生了与对方不同的意见。

这种对话更像是一种"营火夜话"，鼓励参与者利用充裕的时间来展开自我反思性对话，而不是进行对抗性的交流、讨论或辩论。但它的目的并不局限于展开一种不激烈的自我反思性对话，还包括让参与者在交谈中慢慢观察到彼此在更深层次的思维方式和基本假设之间的区别。有趣的是，这种反思反而会使参与者成为更好的倾听者，原因就在于，如果参与者事先能认识到自己的基本假设有哪些不足之处，那么接下来当别人发言时，参与者误听或误解别人言语中微妙含义的概率就会大大减小。反之，如果参与者对自己的文化都一知半解，就更不可能去真正地理解另一种文化了。

为了使对话真正发挥作用，所有参与对话的人都必须暂时将自己想要提出异议、质疑、做出澄清和详细阐明的冲动"搁置"起来。通过放缓对话的速度，我们学会了倾听自己言论中更深层次的含义，并认识到我们的见解、思维和感受在多大程度上取决于所习得的基本假设。这个过程同样使我们开始体验自己的文化，开始认识到我们的群体身份和背景在多大程度上影响了我们的思维方式。随着逐渐深入地了解自己的文化，我们也就能更加开放地去倾听和接受他人的文化。

采用对话的沟通方式需要事先确定一些规则，例如，不能中途打断别人，发表言论时眼神尽量放空，看着象征性的"营火"，而不能盯着其他参与者，尽量避免目光接触等。其中，最重要的一项规则就是在对话开始之前，需要完成一个"签到"环节。在这个环节中，每名成员依次向大家做一个简单的陈述，内容包括最近的精神状态、动力或情绪感受等。只有当所有成员都完成"签到"之后，大家才能对彼此当前的状态有大致的了解，从而使整个团队更容易展开自由对话。"签到"环节能够确保每个人都对整个团队做了初步贡献，同时还能促进参与者反思，减少一些主观臆断。

在指导运用"营火夜话"时，我们发现，从"尽量避免目光接触"这一规则中，就能窥见一些美国人的文化。这个规则对一些人来说很容易做到，但是对另一些人来说很难做到。例如，美国许多人力资源管理专业人士就很难做到这一点，因为在美国文化中，目光接触是"良好沟通"的重要表现。同时，美国人力资源管理领域的专业规范又进一步强化了这一规则，强调为了让对方感觉到你确实在倾听，"保持目光接触是十分必要的"。

在美国文化中，会议中长时间的沉默会令美国人感到不舒服，他们会主动打破沉默，试图活跃气氛；而具有其他文化背景的成员则可能会认为这种沉默没什么不妥，甚至认为这是一个方便他们思考和观察的机会。这两个例子给我们带来的重要发现是，并非具有其他文化背景的成员与美国人之间有着不同的感受，而是美国人关于"目光接触"和"总想以各种方式打破沉默"背后的深层假设是由美国文化决定的，这不是具有普适性的原则。一旦意识到自己所属的文化给自己带来了认知或者行为上的偏向性，我们也就能对其他人的偏向性有更清楚的认识。

大多数促进跨文化交流和理解的机制，如联合培训、流程审查、后期检查和对话过程，通常都没有被纳入组织的日常工作惯例。因此，我们需要将此类机制设计成文化岛屿，并将其纳入日常工作流程。

跨文化分析的重点对话问题

当一个多元文化团体习得了对话的沟通方法之后，就可以通过向成员提出一些特定问题来促进团体成员的联合学习，而此类特定问题是所有组织都需要面对的，例如如何与组织的领导阶层相处，以及在工作环境中如何才能知道能否真正地信任彼此。具体来说，首先，团队负责人可以请每名团队成员回答以下问题：

> 在我的工作场所或组织总部中，如果上司给出一些我明知无效的建议，我会怎么做？请举例。

其次，在每名成员都给出一个例子之后，团队就可以进入流程审查模式，分析成员之间的看法有哪些差异以及这些差异将如何影响他们当前和将来的合作。能否围绕成员之间的共识而建立起新的规范？

当上述讨论结束后，负责人就可以提出第二个问题：

> 在我的工作场所中，我如何才能知道能否真正地信任我的同事？如果在工作环境中，我们必须互相信任、互相依赖，我会期望同事能够做到些什么？请举例。

最后，在每名成员都给出一个例子之后，团队就可以开始寻找成员之间的共识，并阐明所有成员都同意的规范。团队成员之间向彼此提出此类问题，并站在自己的文化角度上向别的成员给出答案，这可能会使整个团队受益于"文化对等"——文化并没有优劣之分、高下之别，只是不同而已。我们需要接受此类文化差异的存在，以共同解决问题的心态和方式努力做到求同存异，这将使我们找到下一个合适的适应性举措。

额外的工作

由来自多种职业文化或民族文化的成员所组建的组织、特别任务团队、委员会以及其他合作型团体，都面临着需要发展出可靠沟通方式的主要问题。即便成员们的基本语言是一致的，他们对常用词也很有可能有着不同的诠释，对判断持有不同的标准，对组织成员"应何时以及如何跨级与领导层沟通"持有不同的基本假设，而这些差异都会给他们的工作绩效和工作效率带来负面影响。

对致力于朝全球运营发展的组织而言，通信技术的突飞猛进不仅使它们如虎添翼，也使它们变得更具灵活性。同时，这些技术也进一步加剧了由多元文化主义所带来的种种挑战。如今，速度极快的全球网络、远程呈现以及业务外包等，无一不给企业的工作模式带来了翻天覆地的变化。两天之内，企业就能够在印度班加罗尔、尼日利亚拉各斯、俄罗斯圣彼得堡、菲律宾马尼拉等地组建起研发团队或者客户服务中心。无须再列举更多其他的城市和国家，因为从技术角度而言，这些外部支持场所建在何处可能没有多大区别。

在某些情况下，技术文化在企业中可能占主导地位，因此相较企业之间的宏观文化能否融合而言，如相较班加罗尔和波士顿两地的宏观文化能否融合而言，两个工程团队之间的技术文化能否融合可能更加重要。然而，事实却并非如此。即使技术文化能在很大程度上相互交融，班加罗尔和波士顿两地宏观文化之间的差异也会给组织带来极其深重的影响。确实，对提升多元技术文化团队的效率而言，采用电话会议、远程视频会议等方式将大有助益。但是，我们在文中不止一次强调过，深层次的文化理解需要涉及更多的沉浸式对话，这些都远非日常视频沟通所能做到的。想要达到有效的文化同化和深层次的共享，我们需要做的还有很多，远不止部署一个优质的全球远程呈现系统那么简单。

新的组织一旦形成、成员之间的认知开始同化时，不论组织成员是否处于同一地理位置，只要出现了涉及文化理解的问题，就必须创造文化岛屿，让组织成员在文化岛屿中学习对话过程，以此来探索彼此之间的共同假设，这一点极为关键。只有开展反思性对话，才有可能克服难以避免的防御心理以及消除认为彼此之间没什么不同的错觉。但组织开始执行联合任务之后，随着组织成员开始逐渐面对新的任务，并习得在多元文化中完成任务的方法，组织也就开始逐渐形成新的文化。为了加快组织成员对其他文化的学习，在新团队成立的早期阶段就应该创建此类联合任务。

从一开始，这些团队的负责人就必须意识到文化陷阱的存在，并通过选择文化智力较高即对文化更敏感、持更加包容态度的成员，提供包括定期对话过程的联合培训，以提供后期审查和分析的机会，为开展新一轮对话打下基础等措施，来将文化陷阱的负面影响降至最小，并通过坚持不懈地以身作则，致力于使团队成员之间在面对任务时能开诚布公地交流。想要构建一个高效运作的多元文化团队，其负责人必须成为谦逊的领导者，并贯穿始终，必须能使与执行任务相关的信息跨阶层、跨文化地自由传递。同时，团队成员之间必须建立亲密、开放和信任的第二级人际关系，并且此处的第二级人际关系同样也是和文化相关的。对话过程的关键之处在于，对话双方共同给出第二级人际关系具有实际操作意义的定义，以此来构建在多元文化中切实可行的工作方式和沟通方式，从而使团队成员之间逐渐形成信任和开放的关系。

对全球范围内来自多元文化的合并企业、合作企业以及企业集团而言，这意味着在实际操作上要做到以下几点：

- 组建一系列特别任务团队，同时保证其成员来自不同的民族文化和不同的职业文化。
- 针对每个特别任务团队展开培训，使他们能掌握对话过程并以此作为探索文化差异的主要工具。
- 提出与权威、信任和开放性相关的特定问题，以成员在此类问题上的共同理解为基石，构建切实可行的团队规范。

这项看似额外的工作，最终目的是促进组织社会文化的建设，对组织开展技术类工作、保持生存和发展而言，良好的社会文化能使组织成员在判断问题和解决问题时达成共识。

The Corporate Culture Survival Guide
文化变革领导力清单

1. 文化合并的 4 种模式：分离、冲突、统治、融合。

2. 处理跨文化问题和跨职业问题的 6 个方法：
   ① 通过评估"文化智力"来筛选职位候选人；
   ② 提供知识和培训；
   ③ 积极发挥谦逊领导力，让学习者参与进来；
   ④ 工作前与工作中的联合学习；
   ⑤ 流程审查，团队的主要学习机制；
   ⑥ 有效沟通。

3. 在跨文化情境中实现有效沟通的两大关键点：避免陷入文化陷阱，构建文化岛屿。

结 语

文化变革领导力的未来

　　本书的成型基于我们数十年来对企业文化的创建、发展和变革的研究，涵盖了与之相关的方方面面。我们希望，当读者成为文化变革领导力的传播者时，能发现本书有价值的地方。我们当然希望读者能系统化地使用本书，但这可能对某些读者而言不太现实。为了使刚开始接触企业文化的读者能快速把握该领域的关键内容，我们提供了表10-1。无论你是组织中未来的文化倡导者，还是即将承担文化变革领导力相关任务的积极参与者，你都可以用你认为合适的方式，向他们介绍表10-1中的关键概念。

表 10-1　文化现实及其对行动和变革的影响

文化现实	对行动和变革的影响
文化是深层的、广博的、稳定的	如果你不积极管理文化，那么你将受制于文化。想要控制文化、对其采取强制措施、操纵文化等，都是很难做到的
文化是一种"软"力量	文化本身是无法以任何管理工具来衡量的。快速调查问卷可能会提供一些重要的、有价值的信息，但它们极有可能是与浅层的、变化较频繁的组织氛围相关信息；而文化则是一种更深层次的、更稳定的力量
事实上，在适当的条件下，尤其是在文化岛屿上，文化能很快构建起来	使管理者和领导者脱离正常工作环境，"强迫"他们互动、对话，对他们开展集中培训、"探索式课程"，此类方式能非常有效地说明如何通过创建临时文化岛屿来迈出文化变革的第一步
文化有3个层次——人工饰物、价值观念，以及基本假设	能够深入认识你所在企业文化的3个层次，并了解企业是如何向外界展现其文化的，这一点极为关键。对领导者而言最重要的是，要时刻谨记组织的深层基本假设是组织的基本动力，并且时刻关注组织成员的社会学习，因为随着时间的推移，成员们累积的社会学习成果将会影响组织的深层基本假设
组织内部文化的发展受到组织所处的宏观文化、民族文化、技术文化以及职业文化和社会文化的影响	文化维度如此之多，导致我们很难将所需变革的文化维度单独区分出来。不同维度的文化有其不同的发展速度。例如，在敏捷开发的"最佳实践"中，社会文化可能与技术文化的发展速度有很大差异。为了应对如今这个极具动荡性、不确定性、复杂性和模糊性的世界，组织创造的文化必须具有迭代性和流动性
"正确"的文化并不是绝对的，而是组织在维持生存的前提下，以创造价值观为首要任务所形成的文化，不论此任务成功与否	组织的领导者需要把握好以下三者之间的平衡：组织领导者眼中的理想文化属性，即基于他们自己和组织创始人的对文化的认识，以及竞争对手所展示的文化属性、某些文化专家所认为的从规范上来说具有"优越性"的文化属性（此类文化属性通常与组织的长期生存、发展和盈利能力相关）

结 语 ▶ 文化变革领导力的未来

续表

文化现实	对行动和变革的影响
组织的使命、战略，以及组织结构设计、评估系统、奖励系统、纠正措施和许多其他管理工具，都是组织技术文化的内在组成部分	组织应避免陷入将文化视为独立元素的陷阱，并聘请独立、客观的第三方分析师或顾问来分析"哪些杠杆可以操纵""哪些是更深层的文化元素，因此需要花更多的精力和时间来适应"，这一点至关重要。通常来说，组织需要外部人士来帮助内部员工认清他们自身的文化，毕竟旁观者清
文化调查的形式多种多样。对大致了解组织成员对于文化的态度而言，开展抽样文化调查是一种非常有效的方式	在组织中实施文化变革领导力时，从一开始可能就需要针对部分成员进行深度文化调查。但是，由于这种调查是一种个体干预行为，而文化又是一种群体现象，因此，若想要合理解读企业文化，就需要以团队形式进行对话，并以此来确定组织究竟需要开展何种文化变革，而非仅仅收集以单个成员为基础的调查数据
文化变革并不始于"对文化进行变革"这一想法	当企业面临关乎生存的问题时，就会引发积极的、适应性的文化变革。如果文化是企业在过去取得的成功中累积起来的企业精神，那么企业面临的业务问题就能迎刃而解。如果企业面临的问题难以解决，那么这就意味着企业同样需要对文化进行干预。如此一来，企业在习得业务问题解决方法的同时，也为文化变革提供了作为推动力的顺风
文化变革领导力可能需要组织成员经历困难的反学习过程，并且由于反学习通常由感知到"某些事情出了问题"的失验所引发，导致组织成员产生一种"我们快要失败了"的生存焦虑，所以这个过程比较痛苦	领导文化变革的关键阶段，就在于识别出这个过程，以客观的眼光观察此过程中的现象，并找出一种方法将生存焦虑转化成文化变革最重要的推动力

223

续表

文化现实	对行动和变革的影响
学习焦虑，即在失败引发学习新知识的需求过程中的一种比较痛苦的感受，它有可能导致组织成员抵抗变革	变革领导者需要再次跳出自我的局限，并认识到：当生存焦虑大于学习焦虑时，变革就会发生，因此推动变革的最佳方式是减轻学习焦虑
组织的文化要能保证变革的安全性。文化变革领导力意味着需要在组织内建立起开放信任的关系	组织可以将学习者视为变革目标。在变革过程中，需保证学习者能建立起足够的信心和信任，以挑战原有的深层假设来进行反学习，并以尝试做出改变来进行重新学习；需要保证学习者能获得足够的心理安全感，以强化已经习得的变革内容来克服学习焦虑，并避免由生存焦虑给变革带来抵抗力

可以肯定的是，宏观文化趋势将会影响我们对文化的整体体验，从而进一步影响我们在组织内部开展文化评估和文化变革的方式。我们不妨跳出自身的局限，思考一下未来的发展前景。例如，我们如何看待人际关系和组织关系的发展？在下文中，我们以一种简单的方式表达了我们如何看待文化变革领导力在不久的将来或将发生的变化，具体表现为3种前景。在思考这些前景时，我们希望你能同时思考如何利用"增大驱动力/减小约束力"的工具来帮助你规划或准备未来几年内的文化变革。

前景一：职业文化和民族文化将比企业文化更重要。企业文化依然是许多企业的强大推动力，但是，但凡你对层层社交网络的强大力量有所了解，就能明白，如今人们在工作之中还体验到了许多其他的强大文化力量，而此类文化力量并非仅来自组织内部。人们的观念只受本国文

结 语 ▶ 文化变革领导力的未来

化和企业文化影响的时代早已一去不复返,如今人们的观念还将受到职业亚文化和其他民族文化的影响(如图 10-1 所示)。

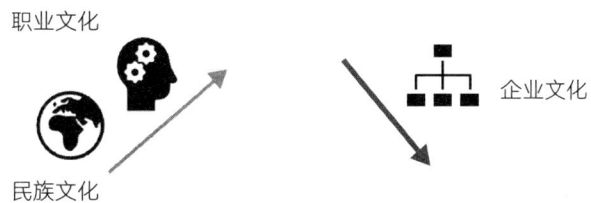

图 10-1 文化对人们观念的影响

我们之中的许多人都在由来自不同国家的企业家所创立的企业中工作过,这些企业中所发展起来的企业文化深受各国民族文化的影响。同样,对组织中不断发展出来的企业文化而言,占主导地位的世代文化可能对企业文化中的深层假设也有着极大的影响,如"Z 世代"亚文化与"千禧一代"亚文化就有很大的不同。

前景二:领导力意味着领导组织"采取更新颖、更优良的措施",是否具备领导力将更多地取决于处理团体内部和团体之间动态关系的能力,而非取决于个人才能。

如今,组织成功推行现代化团队概念的例子已经屡见不鲜,如"自我管理型团队""合弄制"等。与此同时,独树一帜的领导者、"独自挑大梁"的英雄式领导者以一己之力推动组织向前发展,如今看起来却完全是一种倒退的管理模式(如图 10-2 所示)。虽然"独自挑大梁"从来都不是一种优秀的管理模式,但如今年轻领导者面临着比以前更有说服力的案例,此类案例无一不说明了现代首席执行官、社会领导人和政治领导人"一支独秀"的这种状况是不稳定和不可持续的。

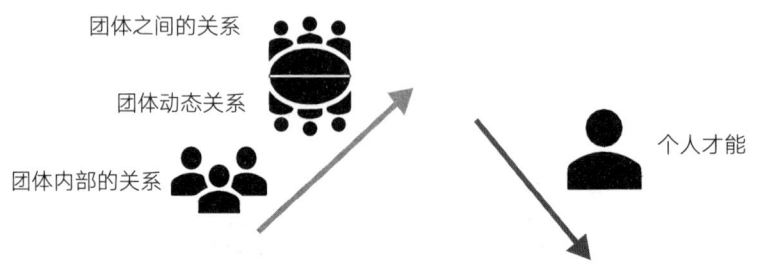

图 10-2　领导力的决定因素

我们认为，组织由某位领导者"独自挑大梁"往往意味着信息的传播会受到限制，因为组织成员没有足够的心理安全感来告诉领导者组织的真实情况。相较等级森严的组织结构而言，组织若能使成员获得足够的安全感、使他们乐于分享自己的见解，并能捕获此类见解，那么这样的组织行动将会更加敏捷、适应性更强，并且工作环境也会更加轻松有趣，人们也更喜欢在运作流畅、适应性强的团队中工作。伟大的企业家依然能以他们长远的眼光、独特的魅力、坚韧不拔的精神让我们赞叹不已，并且我们相信，如果他们能带领团队不断地将共同愿景重塑成共同创造的更好成果，将更让我们为之折服。

前景三：组织中的变革将会出现在任何地方，既无法预料也不会停止，此类变革计划将会比来自高层自上而下的线性变革计划更加重要。

我们不妨再回顾一下开篇所提到的海滩隐喻，这个生成性隐喻最关键的部分是，我们通常会将海浪和潮汐视为恒定且相互作用的动态力量，而非线性的、可预测的机械操作。我们将海浪和海滩视为一个处于不断再生过程的生命系统。我们认为，海浪和暴风雨等天气给海滩带来的影响是难以预测的。

结 语 ▶ 文化变革领导力的未来

最显著的力量将会来自海浪的冲刷、水下沙子的运动,还是与海水和海岸相互作用的顺风和逆风?没有人知道。但这并不意味着制订变革计划将会变得不再重要或无关紧要,而是意味着文化变革领导者应坦然接受并重视此类动态力量之间的相互作用,因为当组织做出变革的相关指示后,这些动态力量之间相互作用,将会使各个团体形成自己的解读和应对方案,从而进一步形成有机的变革计划(如图 10-3 所示)。我们认为,组织的提升和改善取决于各个团体共同学习的能力,而反过来,这种提升和改善又能给组织带来积极的变革,使组织形成一种具有持续适应性的企业文化。

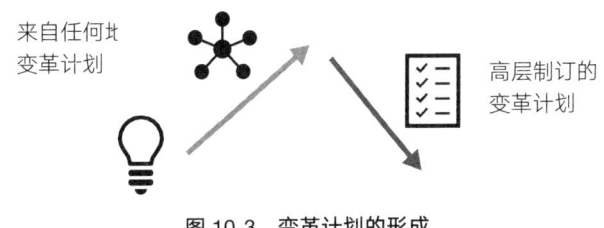

图 10-3　变革计划的形成

你认为你的组织中还有哪些前景?有些前景或许是你想要看到的,也有些前景或许是你不乐意看到的。无论如何,它们也许能帮助你将如今你在组织中观察到的具有波动性或不确定性的现象与你对组织未来的愿景联系起来。因此,重要的是,这些前景对你所在的组织而言是有意义的,其意义不在于据此推行变革或对其进行验证的变革,而在于将变革视为一种组织运作的大致框架。至于变革过程本身,它将以最谨慎的计划者也无法预测的方式发生。

最好的前景就是,组织中能自然发生变革,而非有人刻意或被迫在组织中推行变革。

附 录

制订文化变革计划的 4 种工具

在本书中,我们已经提到了多种制订文化变革计划的工具。在附录中,我们将一些最重要的工具单列出来,组织的变革领导者应该对这些工具谙熟于心。

工具 A,定义变革计划的基本目标

我们在本书第 6 章中概述了变革 5 步骤,此处为详细版本。当管理者认为有必要开展变革时,可以利用下述 5 个步骤作为整个变革过程的开始;当变革团队规划、设计和推行各种干预措施时,也可以应用这 5 个步骤来进行审核。

这部分的主要目的是明确具体的变革内容和变革

方式。在你进行到第四步之前，都无须使用"文化"一词。在此，你并不是要推行文化变革，而是要针对组织的某些结构性、程序性和行为性元素做出变革，以应对由失验引发的生存焦虑。

第一步：确实变革的必要性和可行性。失验引发了生存焦虑或内疚感，导致组织出现了一些动荡，人们提议展开行动、表达新的愿景，并呼吁组织解决问题。在某些时候，内部和外部的失验力量能引发强烈的生存焦虑或内疚感，导致领导者认为组织非变革不可，并由此组建变革团队。在开始行动之前，变革团队必须事先审查并再次确定失验数据的有效性以及启动变革计划的必要性，这是极其重要的。

第二步：具体描述理想的未来状态。如果组织认为变革既有必要性又有可行性，那么高层管理人员和变革团队接下来要做的就是确定理想的未来状态。组织的领导者可能已经阐明了理想的状态是什么样的，但变革团队必须重新评估这个状态，并确保新的愿景是清晰的，而且能具体到行为中。对于"如果我们成功开展了变革，那么将来我们的行为会是什么样的"这一问题，一个理想的未来状态的愿景应该能给出确切答案。

第三步：诊断和评估系统的当前状态。一旦对理想的未来状态有了清楚的认识，变革团队接下来就必须诊断和评估系统的当前状态，以确定理想的未来状态与当前状态之间的差异。在评估当前状态时，关键在于采用并行系统，以确保客观性。如果整个变革团队的成员都是内部员工，那么很有可能会因当局者迷而对文化当前的状态做出错误的判断，或者完全无法做出判断。

第四步：针对如何从当前状态发展到理想的未来状态做出规划。我们在第 5 章中所描述的文化评估过程，在这个步骤是适当的，也是必要的。如果在确定理想的未来状态之前就评估文化，那么评估结果很可能既抓不住重点，又无聊、无用。在这个步骤中，尤其重要的一点是分析角色和角色集合，并将它们作为文化评估的重要组成部分，以此来识别各种亚文化并判断它们在文化变革中可能发挥的作用——推动变革或阻碍变革。

通过角色集合分析所确定的文化元素，应能揭示当前状态与理想的未来状态之间存在哪些差距、为了实现愿景存在哪些潜在的障碍、由此产生哪些具体目标，以及已经存在的文化会给变革带来哪些帮助。此时，变革过程也从分析和评估转移到了具体计划上。对于之前所发现的每个差距，现在都必须针对如何从当前状态发展到理想的未来状态制订具体计划。

第五步：管理过渡阶段，多种力场分析。力场分析不仅是整个变革模型的强大理论基础，同时还是制订详细变革计划的关键，我们将在下文的工具 C 中详细描述力场分析。在第五步中，大多数规划、重新思考和实况调查等都是借助于力场分析来完成的。

对于已经确定的每一种未来理想的行为模式，你都可以审视当前的行为模式，然后思考："当前组织中存在哪些驱动力，能使当前的行为模式向我们想要的未来行为模式发展？"你可以将这些驱动力列在一张纸的左侧，我们在后文中还将具体阐述。在纸张的右侧，你可以列出阻碍当前行为模式向理想行为模式发展的约束力。

在进行力场分析之前，至关重要的是要更加深加地理解你所计划推行变革的社会-技术系统，并根据这种理解来确定接下来应采取的干预措施。

工具 B，利益相关者分析

此诊断过程的目的不仅在于更好地了解目标系统及它们相互之间的联系，还在于更加深入地理解变革目标人群，并与他们产生共鸣。这项分析练习应该能帮助你更加清楚地理解他们的世界，如此一来，你就不会针对"对他们来说何种变革是可行的、何种变革是不可行的"这一问题过早地下定论。

你需要理解，你所采取的任何干预措施都将影响到系统中的每一个角色，即便是那些你仅为了收集一些系统数据而面谈过的人。这些面谈也会给他们带来影响，并且这种影响终将体现在系统的其他地方。为了更加有效地使用工具 B，你应该先尝试对自己进行角色分析。

个人角色分析

你可以在一张 A4 纸上或在会议室用的活动挂图板上来做个人角色分析，具体包括以下 5 大步骤。

第一步：将你自己置于纸张的中央。

第二步：绘制你的**角色关系图**。使用长度和大小不同的箭头符号来表示在你的角色集合中所有对你持有角色期望的人。这些人中显然包括你的直属上司、直接下属、同事、朋友、客户、供应商、家庭成员,甚至可能还包括你的社区成员,他们都希望你能完成你的角色所应完成的事情。最后,你会得到一张复杂的图(如图 11-1 所示)。

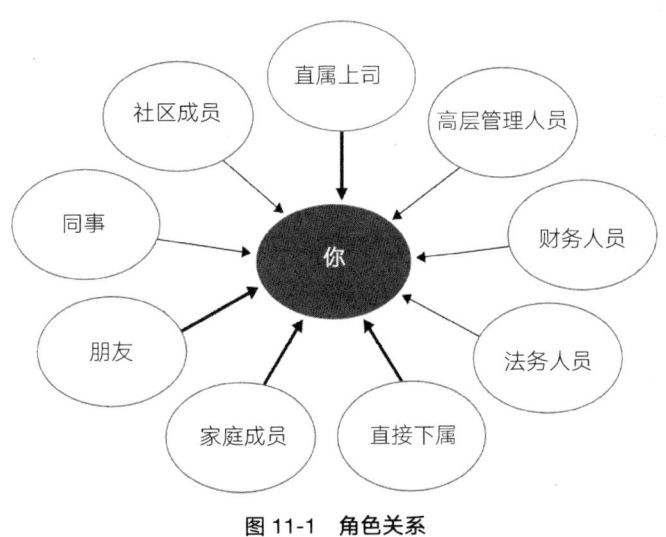

图 11-1　角色关系

第三步:确定相关的角色动态。在检查角色关系图时,你将意识到几件事情。大多数人都面对来自不同人群的多种期望,因此需要对此类期望设定优先等级,并应对其中的潜在冲突。这种"角色动态"可以分为 3 种主要类型。

类型一,角色含糊不清——通过某些人群指向你的箭头符号,你能知道他们对你的期望并不十分明确。换句话说,一些利益相关者可能对你有明确的期望,但是他们对你应如何采取措施以满足他们的期望却不是很清楚。如果不进一步收集数据，你可能无法推断出这一点，但重要的是要认识到，你有时并不能确切地知道他人究竟期待你采取何种措施来满足他们的期望。

类型二，角色负荷过重——你可能会受到角色负荷过重的困扰。如果你所处的角色中，所有利益相关者即对你持有角色期待的人，对你的期望总和超过了任何人所能承受的，就造成了角色负荷过重。这就导致了一些问题：在这种情况下，你作为所有人期待的对象，将如何处理这些过重的负荷？你将会回应谁的期望？你如何设定优先等级？

类型三，角色冲突——图 11-1 还清晰地展现出，一部分人对你持有的角色期待与另一部分人对你持有的角色期待可能会不一致。最常见的冲突形式就是，你的上司和下属对你持有的角色期待不一致，或者某些人对你的期待与你对自己的期待不一致。对于这些冲突，你将如何给出回应？

变革计划涉及的所有人都身处如此复杂的角色关系之中，而你需要熟悉这些角色动态。如果你连他们大致的角色集合构成都不了解，那么你将很难对他们产生任何影响。

第四步：目标系统角色分析。现在你已经掌握了如何绘制角色关系图，你可以将变革目标人员或角色放入中心圆圈内，并尽最大可能地针对该角色绘制出其角色关系图。该变革目标可以是某个人、某一类人、某个团体、整个部门或整个系统。

步骤 4.1：选择作为变革目标的人员或系统。该目标可能最终并非你需要变革的目标，但出于诊断目的，你可以从你认为的变革最终将会发生的地方开始分析。将此人或系统放入活动挂图板的中心圆圈内。

步骤 4.2：与变革团队的成员一起，尝试找出哪些人对该变革目标持有角色期望。目标人员或角色以何种方式连接到系统的其他部分？如果他进行了变革并习得了新的行为模式、信念和价值观，那么将会影响到哪些人？

步骤 4.3：判断哪些人需要改变对变革目标持有的期望，以促进变革目标进行变革。这是常常受到忽视的一个关键诊断步骤。如我们在第 2 章中给出的案例 3 中所示，在学术部门管理人员中推行的变革惨遭失败，直到变革团队意识到，必须先改变全体教职工的态度，才能进一步推动管理人员进行变革。

在阿尔法电力公司推行的暂停计划中，只有当一线员工不再担心主管会喊他们懦夫时，他们才会愿意使用暂停卡；只有当中层管理人员将暂停报告单视为重要的维修信息来源并给予赞扬，而不是对此类报告单显得极不耐烦时，主管才会鼓励一线员工使用暂停卡；只有当高层管理人员十分明确地表示"即便影响了生产力和进度计划，也需要确保安全信息的收集工作落实到位"时，中层管理人员才会认真积极地收集此类信息。

如第 4 章案例 4 所示，银行试图培养一些"超级职员"，但变革领导者并没有意识到必须先对整体的薪酬系统和晋升系统进行变革。

步骤 4.4：确定对于角色关系图中的人或角色你还需掌握哪些信

息，分析对变革目标持有期望的人之间可能存在着哪些关联。例如，对某位教授而言，她的系主任和院长可能都会对她抱有一些期望，那么，系主任和院长之间是否存在某些联系，这些联系又将如何影响上述期望？又或者，院长可能是这位教授的丈夫的密友，这又将如何影响上述期望？

分析整个系统中所有存在的关联，其重要意义在于，重新评估你所选择的目标是不是开展变革的最佳切入点。一旦你能更清楚地认识到此类关联，你可能会发现有其他可能的变革目标，他们或许更易接近、更愿意接受变革，并且他们与原始变革目标有着紧密的联系，这使得以他们为切入点开展变革同样是可行的。

对于选择最初的变革目标有哪些不同标准，我们将会在工具C中介绍到。同时，我们还将提醒你注意，变革负责人在制订变革计划时将需要对各种复杂的选项做出选择。

基于你对系统的了解程度，第四步可能只是变革前的一些准备工作，也可能使你认识到存在一些能最终成功推行变革的中间变革目标。如果你需要进一步收集信息，请记住，公开的调查、访谈或观察都是干预行为，人们会注意到此类干预行为并做出反应。因此在本阶段，任何与整个目标系统的成员进行的个人联系，都应尽可能维持在第二级人际关系水平，以此来保证对方在谈话时能从心理上感到足够安全，而非感到威胁。

第五步：针对你确定的每个角色，在对话之前，根据你希望该角色做出何种变革来对角色开展一次力场分析。例如，对于一项用于收集暂

附录 ▶ 制订文化变革计划的4种工具

停卡使用情况的措施，你想要知道该措施如何影响中层管理人员的实际信息，那你不妨针对他们开展一次力场分析，以了解出于哪些原因，他们可能愿意诚实上报此类信息；又出于哪些原因，他们可能会选择谎报或者隐瞒不报。然后，以减小约束力的方式来向他们推行上述措施。你需要对潜在的变革目标做力场分析之后，再开始第五步的操作。

此处分析的目的是确定在一系列可能的变革目标中，以谁作为切入点最有可能带来理想的变革。这需要以第四步中的角色集合分析为基础。此处的分析强调了一个事实，即启动变革项目有许多可能作为变革目标的切入点，而非仅仅局限于你最初选择的角色分析目标。

个人角色分析的本质是以各种标准来权衡可能的变革目标，如此一来，你便可以更加明智地决定从何处以及如何开始推行变革计划。

变革目标的选择标准分析

选择初始变革目标可能会很复杂，因为许多不同的因素都会影响到你的决定，具体来说主要有以下5点。

1. 可接近性——由于你试图与变革目标之间建立关系，因此首先必须选择角色集合中你能接触得到的人。这可能取决于你和哪些人拥有正式关系或你恰巧认识哪些人，更重要的是，你是否能与对方很快熟络起来并开始对话，对方是否会诚实地回答你的问题，你能否感知到对方将会乐意协助还是有心阻碍。

2. 影响力——你需要选择一个你自认对其具有一定影响力的人或

系统来作为目标，因为他们至少不会忽视你。这通常意味着，你需要将等级较低、地位较低或愿意听你讲话的人视为初始变革目标。变革目标也有可能恰巧是你的一位在组织中发挥关键作用的朋友。

3. 关联性——在针对系统的某个部分开展变革时，你需要选择一个与系统其他部分有紧密关联性的部分，如此一来，你在该部分取得的任何变革成果都能更好地扩散到系统的其他部分中去。需要注意的一点是，从某种意义上来说，此因素与上述可接近性和影响力两个因素有些矛盾，因为你最易接近、最易对其产生影响力的人群往往是地位和层级较低的人，而能与组织各个部分产生高度关联性的人通常都是组织中地位和层级较高的人。因此，你需要在此做出决定，究竟是以你既容易接近又能对其产生影响力，但与组织各部分关联性较差的人作为变革目标，还是尝试去接近一个与组织各部分关联性较高的人并将他当成是变革目标。

4. 接受程度——你需要考虑变革目标是否容易受别人影响、是否对变革持积极态度。可能你已经确定了一个容易接近的目标，对于该目标你也具有一定的影响力，甚至该目标与组织各部分的关联程度也比较高，但该目标恰恰非常抵制变革。实际上，这种抵制可能是由于该目标与系统其他部分的关系所导致的，因此，你可能需要针对可能的变革目标绘制另外一张角色关系图，以检查该目标对变革的接受程度。

例如，在阿尔法电力公司的暂停计划中，你可能会将变革目标锁定到一位你能接近的中层管理人员身上，并且他与组织其他部分的关联性也比较高，但美中不足的是，他的工作经历使他形成了对工会的强烈敌视态度，他认为工会成员都是一帮想尽办法从组织中捞好处的家伙。这

附 录 ▶ 制订文化变革计划的 4 种工具

样的话,你就需要重新考虑找一个对变革接受程度更高的变革目标了。

5. 合适性——针对某个特定的目标开展变革之前,你需要从"是否具有可行性"和"是否符合道德规范"两方面来检查该变革计划是否合适。举个例子,假如你知道银行部门的负责人非常赞成培养"超级职员"这一计划,但同时你还意识到一旦计划推行成功,银行将会解雇许多效率低下的职员,而幸存的少数"超级职员"很快就会因为没有晋升机会而跳槽到其他地方去,那么,继续推行此变革是否合适?

在变革计划的多个阶段中,都应考虑这 5 个因素。你可以始终聚焦于最终变革目标,但同样重要的是,你也需要在选择初始变革目标时考虑上述 5 个因素。请谨记一点,你的一切行为都是干预,因此,当你开始询问调查、与目标系统中的某个人建立联系时,请谨慎地选择目标,确保你们之间能构建良好的关系和联系,使对方从长远上来看能帮助你实现变革计划。

工具 C,文化变革的约束力和驱动力分析

力场分析诊断技术的本质在于,针对任何特定的系统,分析有何种力作用于该系统并使其保持准稳态平衡。请记住,此处的前提是假设所有人类系统都始终趋向于保持某种程度的平衡,但这种平衡只能通过多种力量的多重作用来实现,其中一些力量推动变革,而另外一些力量则约束或抵抗变革。并且,对任何给定的变化方向而言,这些力量既非线性的,其方向也并不一致。正如角色分析图所示,任何特定的人或系统都会受到许多其他人所持期望或力量的约束,并且这些期望或力量可能

使他们朝着许多不同的方向发展。

一旦确定了变革的方向，你就可以利用力场分析来了解有哪些力量能帮助或将阻碍变革计划的推行，具体方式是：取一张空白的纸或一块活动挂图板，然后按照下列 8 个步骤进行力场分析。

第一步，在页面中央由上向下绘制一条垂直线，代表系统的当前状态。

第二步，在页面右侧顶部，将需要达到的期望状态以非常具体的行为模式描述出来。也就是说，你希望力场朝着这个方向移动。接下来要做的是确定力场中有哪些驱动力和约束力。

第三步，在页面的左侧，写下通过由头脑风暴所确定的驱动力，这些力已经在推动系统朝着既定目标前进。因此，它们是推动变革的顺风。此时，你需要考虑各种力，其中包括经济、技术、组织、政治、人际关系、组织结构、文化、社会、心理等方面的力。对于你所确定的每种力可以用箭头符号来呈现：分别向代表系统当前状态的中心线绘制箭头符号，并以箭头符号的粗细来表示力的强度，同时在箭头上方写下力的名称。最后，你将会得出一系列对你有利的力。

第四步，取一张新的纸，在页面中央再次由上向下绘制一条垂直线，然后在页面的左侧，将你在第三步中所确定的力分类，原则就是按照你认为你能对其产生多大的影响——使之更强或者更弱来分类。

第五步，现在回到第一张纸上，在页面的右侧写下与你期望的变化方向相反的力，即约束力。这些力都是阻碍变革顺利推行的逆风和侧风。在某些情况下，这些约束力和驱动力有非常直接的关系，甚至互为相反的力。例如，如果驱动力是"监督管理层要求增加产量"，那么这可能会立即导致与之相对应的抵抗力"团体规范反对破坏既有生产速度——过度生产"。你可以参考你已经确定了哪些类型的驱动力，以类似的方式来确定组织面对何种约束力。

第六步，现在将这些约束力写在第二张纸的右侧，再次按照你认为你能对其产生的影响大小来确定力的强弱，并将它们由强到弱排列起来。

第七步，现在检查第二张纸上的整个力场，思考可以通过改变哪些力来打破系统的平衡，从而产生变革的动力。有3种方式可以帮助你达到这个目的：

- 增加一个或多个驱动力；
- 减少一个或多个约束力；
- 结合上述两种方式。

通常来说，增加驱动力比较容易，因为与约束力相比，驱动力利用起来可能更容易，并且你可能还会发现它们也更容易受影响。但是，如果你在增加驱动力的同时也增加了相应的约束力，那么最后可能你只增加了系统的总张力。例如，如果管理层试图仅仅通过由主管人员向员工施加压力来增加产量，那么这将会导致团体的抵抗力更加强烈，而两种力对峙日益激烈最终可能会引起员工大罢工。

由于约束力很难控制，所以减小约束力可能会比较困难。你可能会觉得自己很难对它们产生任何影响力，但如果你可以减小约束力，那么系统将会朝着你所期待的方向移动，因为系统中已经存在驱动力。以阿尔法电力公司为例，驱动力包括来自管理层强制要求及时上报泄漏事故的压力、组织对谎报和隐瞒不报的惩罚措施、员工自身的责任感，以及许多其他因素。而约束力则包括：某些员工可能不知道何种情况属于漏油，他们可能以为泄漏的只是水或其他很快就会蒸发的物质；不知道需要上报的最低泄漏量是多少；完成其他任务的时间压力；整个上报程序的不便；主管鼓励员工隐瞒不报；团队规则中默许员工无须上报；上报泄漏事故不符合员工的自我形象；等等。因此，需要通过增加驱动力或减小约束力来打破力场的平衡，从而使系统朝着理想的工作模式移动。当阿尔法电力公司发现，一项重要的约束力是员工不知道哪些化学物是危险的以及如何判断此类化学物质是否泄漏时，该公司发挥了其专制型企业文化的优势，立即在全公司范围内对所有员工进行了培训，并向全体员工灌输了一种员工意识，使他们将自己视为"环境专家"，而不是"环境清洁工"。

第八步，力场分析最后可能会导致组织采取一系列诊断性干预措施，而这些干预措施又将进一步揭示某些力的实际强弱程度。当你不断收集到此类信息时，你将需要不时回顾该力场分析图，修改原有的力场，并重新评估你启动变革的方式。

上述分析最后可能还会导致第二个结果，即发现存在一个或多个极为关键的力量，所以就需要对此进行新的力场分析。例如，如果发现团体规范是关键约束力，则需要绘制一个新的力场分析图，以这些团体规范的当前状态为中心线，然后在右侧顶部描述出团体规范的期望状态，

附 录 ▶ 制订文化变革计划的 4 种工具

即变革方向,并在中心线的两侧列出所有关于团体规范的驱动力和约束力。力场分析同样适用于变革团队,如针对每名团队成员分析他们在推进项目时所受到的驱动力和约束力。

请谨记我们在第 6 章中所阐述的 3 个原则,概括来说就是:

- 只有当驱动力大于约束力,或生存焦虑大于学习焦虑时,变革才会发生;
- 发动变革的最佳途径是减小约束力,而不是增加驱动力;
- 变革领导者与变革目标之间必须建立起第二级人际关系,才能有效减小约束力,并使变革目标从心理上感到足够安全。

变革团队需要仔细检查每组力量,从可接近性、影响力、关联性、接受程度、合适性以及成本等方面来确定变革计划的重点。例如,对任何隐瞒不报的行为都采取极为严厉的惩罚措施,就能显著增加员工的生存焦虑,即增大驱动力。然而,这种处理方式可能会使工会的抵触情绪高涨,并导致双方关系恶化;或者在进一步的调查中发现,员工隐瞒不报的原因之一是主管鼓励这种行为,那么,在这种情况下,惩罚员工则会适得其反。如此一来,变革团队就应该意识到,来自主管人员的压力是一种约束力,组织应该设法通过"将压力转移给主管人员",以及"鼓励员工在即便主管人员变相支持隐瞒不报的情况下仍坚持积极上报"等方式,来减轻员工所受到的约束力。

总而言之,正如我们在第 6 章所指出的那样,变革团队将会发现,**启动变革的最佳方式是,在学习过程中和学习之后为变革目标提供足够**

的心理安全感，以此来减小约束力和学习焦虑。这意味着让学习者参与进来，并提供培训、榜样、资源以及支持性的奖励和激励措施。

工具D，对话式沟通的10大规则

对话是一种小组交谈的形式，其重点在于对他人持倾听和探究态度。一些会议由少数成员发言，随后与会人员激烈讨论并形成对立的观点，此处我们所采用的对话方式正好与之形成鲜明对比。此处的对话能够促进参与者倾听自我、倾听他人并找到彼此的共识。对话既可以让大家进行开放式探索，也可以围绕给定的主题或问题进行讨论。在古老的部落理事会会议中，人们会围着营火坐成一圈来讨论问题，而此处的对话就是建立在这个原型之上的。

如何开展对话以及相关规则，主要涉及以下10个步骤。

- 第一步，针对需要解决的事项或者需要理解的文化，选择10～20名具有代表性的人。对于已经存在的委员会或者工作组，成员们随时都可以围成一圈，在商定相应规则之后开始对话式沟通。
- 第二步，所有人在真实的或象征性的营火旁围成一圈，或者尽可能地靠近彼此，真实或虚拟的蜡烛都能起到不错的效果。
- 第三步，明确对话的目的："以一种更具反思性的态度来倾听自己和他人的声音，以此来了解我们观点之间的异同。"
- 第四步，宣布以下规则：①交谈时保持面向营火，避免与他人有目光接触；②无须回答别人直接向你提出的任何问题，你可以保持沉默；③不要打扰正在发言的人；④你不必发言，但是当你发言时，即使内容是针对另一名成员的，也要谨记保持面向营火；⑤如果你是会议主持人，请告诉全体成员，当所有成员都完成签到之后，你将不会以任何形式引导对话，但是你会在对话过程中注意每个人是否遵守规则，并且你将和其他人一样参与对话。

- 第五步，要求全体成员同意上述规则，告知他们此次会议将与以往的会议有所不同，并强调对话时对他人持探究态度的重要性。

- 第六步，当全体成员均同意上述规则之后，要求每名成员依次签到，即介绍他们自己的身份以及他们是否有特定的对话目标，以此来开始整个对话过程。在某名成员签到时，其他人既不可以提问，也不可以打断。

- 第七步，如果你想让大家进行开放式探索，在请所有人签到之后，再次提醒全体成员"我们在接下来的××时间内将要展开开放式对话"，具体对话时间应由大家提前一起商定，至少应保证45～60分钟，最长可达2小时或更长时间。

- 第八步，如果你希望全体成员围绕某个特定事项或问题展开对话，就可以在大家签到完成之后宣布一个主题、问题或议题，然后退出主持人身份，让大家开始对话。如果有其他成员向你提问，你既可以保持沉默，也可以回答，但要谨记始终面朝营火或烛光发言，而不是朝向提问者。你所有的发言甚至包括提醒其他成员遵守对话规则，如都需遵守"面朝营火"规则。

- 第九步，在对话结束后，你可以依次要求全体成员以简短总结的形式"签退"。

- 第十步，如果刚才的对话是围绕某个特定主题的，那么现在可以让大家以常规讨论的形式一起探讨从刚才的对话中学到了些什么。

对话是一种交谈和倾听的方式，它能使为数较多的与会人员以不同的方式探讨某个主题，而探讨的目的通常是寻求共同点、团队共识和新想法，这些目的通常在激烈讨论和头脑风暴中很难达成。在探索多元文化差异时，对话式沟通的作用尤为明显，比如，可以引入"对上司持有异议时该怎么办"或"在我们的文化中，'团队合作'和'信任'意味着什么"等问题。或者，在合并企业或多元文化团队中，当每个人都签到了之后，你可以提出一个非常笼统的问题，如"进入这家公司或进入这个任务组感觉如何"。在这种情况下，你可以在对话开始之前要求全体成员依次回答该问题。

再次强调，整个过程需要避免一对一的交谈、提问或争论，而是要营造出一种聆听的气氛，降低成员的自我意识，减轻他们对自己发言的忧虑。"面向营火发言"至关重要，因为营火不会给出任何回应，这就使与会人员无须互相观察彼此的反应。即便仅仅是在会议室中央放上一根蜡烛，它的火焰也能分散人们的注意力，从而营造出一种自由开放的氛围。至于究竟以何种方式来营造营火的最佳视觉体验，将由作为文化倡导者的你来决定。

还有一件需要注意的事项：通常来说，这种规模的对话形式会使成员之间形成一种隐性等级，其中有一名或几名成员成为整个会议的主导者，他们的发言即便不是整个会议室"最响亮"的声音，也是会议上最权威的声音。这种隐形等级既可能反映了与会人员在组织中实际职位层级的差异，也可能是由于成员的个性所致，例如成员的性格是内向还是外向等。无论如何，如果对话过程中只能听见一名成员或一小部分成员发言，那么其他成员可以面对着营火说："我注意到某些成员比其他人发言更多，这是不妥的。"这样一来，管理整个对话过程就成了整个团队的责任，而不仅仅是会议主持人的责任。

与会人员的参与程度有深有浅，这种现象将会变得很明显，实属正常，因为每个人的表达欲不同，要表达的内容也多寡不一。实际上，有的与会人员甚至最看重的一点就是可以不必讲话。

你会发现"制订和设计变革计划"是一个在"为什么要开展变革"，以及"对角色和利益相关者进行分析"、开展力场分析和对话式沟通之间不断来回的过程。我们将这些过程以线性的方式呈现出来，以方便读者学习。实际上，你可能发现自己将会根据需要来应用这些过程，它们没有固定的顺序，你甚至需要经常回顾开展变革的初衷，看它们是否发生了变化。

我们的文化变革领导力模型是一个不断变化的波浪形。在最理想的情况下，组织能利用对话过程在这个日新月异的世界中面对不断变化和不可预测的各种力量，始终致力于保持适应性和创新性。工欲善其事，必先利其器。在认清现实之后，不断提升自己使用分析工具的能力，例如本书附录中的工具等，这才是开启文化变革之旅的最佳方式。

致　谢

在过去的几十年中，针对文化变革开展的研究展现出百家争鸣的态势，因此，我们首先要在此感谢所有的文化变革实践者，是他们认识到了工作场所文化的重要性，并通过推行变革计划来重塑整个组织，使组织变得更高效、更加人性化。

通常，对文化倡导者试图努力实现目标而言，如提升员工敬业度、人才的发展与升级、提升员工对项目和组织的忠诚度、推广设计思维和创新等，深层文化假设正是他们前进道路上的拦路虎。因此，我们还要感谢许多变革领导者，是他们从更系统的组织发展的角度出发，通过更加困难的过程来认识和发展组织的深层文化假设，让我们对文化获得了进一步的理解。

最终，所有变革计划都需要对宏观文化中的两个深层极端进行取舍和折中，其中，一个极端是选择无条件维护股东的利益，即将所有员工都视为可控的和可消耗的资源；另一个极端则是选择走一条更人性化的道路，即认为即便是以盈利为目的的企业也会致力于让全社会受益。

我们也要向那些在工作中满腔热忱的领导者和变革管理者表达最诚挚的谢意，他们为了满足当今和未来组织的经济需求和人性化需求，而不断努力寻找推动文化发展的方式。当然，随着未来工作、事业和生活的变化，新生代也将发展出自己的价值观，而未来的组织也将以一种难以预料的方式受到这些价值观的影响。

未来，属于终身学习者

> 我这辈子遇到的聪明人（来自各行各业的聪明人）没有不每天阅读的——没有，一个都没有。巴菲特读书之多，我读书之多，可能会让你感到吃惊。孩子们都笑话我。他们觉得我是一本长了两条腿的书。
>
> ——查理·芒格

互联网改变了信息连接的方式；指数型技术在迅速颠覆着现有的商业世界；人工智能已经开始抢占人类的工作岗位……

未来，到底需要什么样的人才？

改变命运唯一的策略是你要变成终身学习者。未来世界将不再需要单一的技能型人才，而是需要具备完善的知识结构、极强逻辑思考力和高感知力的复合型人才。优秀的人往往通过阅读建立足够强大的抽象思维能力，获得异于众人的思考和整合能力。未来，将属于终身学习者！而阅读必定和终身学习形影不离。

很多人读书，追求的是干货，寻求的是立刻行之有效的解决方案。其实这是一种留在舒适区的阅读方法。在这个充满不确定性的年代，答案不会简单地出现在书里，因为生活根本就没有标准确切的答案，你也不能期望过去的经验能解决未来的问题。

而真正的阅读，应该在书中与智者同行思考，借他们的视角看到世界的多元性，提出比答案更重要的好问题，在不确定的时代中领先起跑。

湛庐阅读 App：与最聪明的人共同进化

有人常常把成本支出的焦点放在书价上，把读完一本书当作阅读的终结。其实不然。

时间是读者付出的最大阅读成本

怎么读是读者面临的最大阅读障碍

"读书破万卷"不仅仅在"万"，更重要的是在"破"！

现在，我们构建了全新的"湛庐阅读"App。它将成为你"破万卷"的新居所。在这里：

- 不用考虑读什么，你可以便捷找到纸书、电子书、有声书和各种声音产品；
- 你可以学会怎么读，你将发现集泛读、通读、精读于一体的阅读解决方案；
- 你会与作者、译者、专家、推荐人和阅读教练相遇，他们是优质思想的发源地；
- 你会与优秀的读者和终身学习者为伍，他们对阅读和学习有着持久的热情和源源不绝的内驱力。

从单一到复合，从知道到精通，从理解到创造，湛庐希望建立一个"与最聪明的人共同进化"的社区，成为人类先进思想交汇的聚集地，与你共同迎接未来。

与此同时，我们希望能够重新定义你的学习场景，让你随时随地收获有内容、有价值的思想，通过阅读实现终身学习。这是我们的使命和价值。

本书阅读资料包

给你便捷、高效、全面的阅读体验

本书参考资料　　　　　　　　　　　　　　　　湛庐独家策划

- ☑ **参考文献**
  为了环保、节约纸张，部分图书的参考文献以电子版方式提供

- ☑ **主题书单**
  编辑精心推荐的延伸阅读书单，助你开启主题式阅读

- ☑ **图片资料**
  提供部分图片的高清彩色原版大图，方便保存和分享

相关阅读服务　　　　　　　　　　　　　　　　终身学习者必备

- ☑ **电子书**
  便捷、高效，方便检索，易于携带，随时更新

- ☑ **有声书**
  保护视力，随时随地，有温度、有情感地听本书

- ☑ **精读班**
  2~4周，最懂这本书的人带你读完、读懂、读透这本好书

- ☑ **课　程**
  课程权威专家给你开书单，带你快速浏览一个领域的知识概貌

- ☑ **讲　书**
  30分钟，大咖给你讲本书，让你挑书不费劲

湛庐编辑为你独家呈现
助你更好获得书里和书外的思想和智慧，请扫码查收！

（阅读资料包的内容因书而异，最终以湛庐阅读App页面为准）